ENCYCLOPÉDIE DES ANIMAUX

ENCYCLOPÉDIE DES

ANIMAUX

DE LA FORÊT · DE LA FERME · DES CHAMPS · CHEVAUX · CHIENS · CHATS

Conception
Émilie BEAUMONT

ÉDITIONS FLEURUS

GROUPE FLEURUS, 15-27 rue Moussorgski 75018 PARIS

LES ANIMAUX DE LA FERME

Texte
Émilie BEAUMONT

Images
Sandrine LEFEBVRE

LES VACHES

La vache est la femelle du taureau. Elle nourrit son petit, le veau, avec le lait contenu dans ses mamelles. Le fermier doit la traire deux fois par jour. Les vaches domestiques ont gardé des réflexes d'animaux sauvages : dans un troupeau, il y a toujours une meneuse et, au pré, quand elles se reposent, elles surveillent toutes une direction différente. Les vaches restent la plupart du temps dans les champs, où elles broutent l'herbe. Si l'hiver est trop rigoureux, elles le passent à l'étable, où elles mangent du foin. En été, le fermier mène ses vaches dans les hauts pâturages.

Le taureau

Le taureau est le mâle de la vache. Il est massif, puissant et peut être dangereux. Il vaut mieux ne pas l'approcher. On voit rarement les taureaux dans les prés car, de nos jours, on pratique plus souvent la reproduction artificielle, afin de mieux contrôler la qualité des races.

***La salers**, au poil acajou, porte de longues cornes en forme de lyre.*

***La holstein** est originaire des Pays-Bas. Elle donne du lait en abondance.*

***La vache normande**, apportée en France par les Vikings, est très répandue. Elle donne du très bon lait et de très beaux veaux.*

Les races de vaches

Autrefois, alors que les outils de labour n'étaient pas motorisés, les vaches de trait étaient essentielles. Aujourd'hui, c'est la qualité de son lait et de sa viande qui fait l'intérêt d'une vache. Il en existe plusieurs races qui donnent plus ou moins de lait et de viande. On les distingue à la couleur de leurs poils et à la forme de leurs cornes.

Une vache donne du lait quand elle a eu un veau. Autrefois, on la trayait à la main en tirant fort sur les pis. Cela n'était pas toujours facile, car la vache, qui donne des coups de pied ou de queue, renversait souvent le seau de lait !

La traite

La traite est une opération répétitive et délicate, aujourd'hui facilitée par l'utilisation de machines. Il est indispensable de traire une vache, sinon elle souffrirait d'avoir trop de lait. La qualité et la quantité du lait dépendent de l'âge et de l'alimentation de l'animal, et même de l'heure de la traite.

La vache rumine

Quand la vache broute l'herbe, elle l'avale sans la mâcher et l'envoie dans une poche appelée panse. Ensuite, elle se couche pour se reposer et fait remonter des boulettes d'herbe de cette panse dans sa bouche. On dit alors qu'elle rumine, c'est-à-dire qu'elle mastique longuement pour obtenir une bouillie qu'elle digère mieux.

Le veau et sa mère

La vache a un veau par an, très rarement deux. Elle le lèche longuement à sa naissance pour le nettoyer. Le veau tête les mamelles de sa mère plusieurs fois dans la journée et ne boit que du lait pendant quelques jours. Ensuite, il s'habitue à brouter l'herbe.

LES COCHONS

Le cochon, autrement appelé porc, est un animal vorace, mais facile à nourrir. Il mange sans rechigner des restes et des épluchures. Il apprécie aussi bien les légumes que la viande cuite et les aliments industriels. Il est reconnaissable à son museau allongé, le groin, et à sa queue en tire-bouchon. Malgré sa mauvaise réputation, le cochon aime la propreté et, s'il est souvent couvert de boue, c'est qu'il a besoin de se protéger des rayons du soleil. En effet ses poils, les soies, ne peuvent empêcher les coups de soleil et les insolations. Il possède en revanche une épaisse couche de graisse contre le froid.

Les différentes races de porcs

Elles se distinguent surtout par la forme de leur groin, qui est plus ou moins allongé. Quant aux oreilles, elles sont dressées ou pendantes. La couleur de leurs soies varie également.

***Le large white**, très répandu, est facile à élever et grandit très vite.*

***Le cochon du Viêt Nam**, élevé en Asie, est foncé et porte de petites oreilles bien droites.*

La truie et ses petits

La femelle donne cinq portées en deux ans. En moyenne, une portée compte une douzaine de porcelets. La truie s'allonge pour que ses petits puissent téter. À ce moment-là, il faut bien la surveiller, car elle pourrait en écraser un par inadvertance.

Quand un petit a choisi sa tétine, il tète toujours à la même. Il arrive qu'il y ait plus de petits que de tétines. Le fermier intervient pour que les petits en trop soient adoptés par une truie qui en a moins.

Le cochonnet grandit trè[illegible]vite. Il pèse 1,5 kg à la [illegible]nce [illegible]0 kg à deux mois [illegible]00 [illegible] six mois.

Tout se mange

La viande de porc est largement consommée. On en donne aux enfants parce qu'elle contient des vitamines. Le moindre morceau de l'animal peut être mangé : la queue, le pied, le jambon. « Dans le cochon, tout est bon. »

Du bois à la ferme

Autrefois élevés dans les sous-bois, les cochons sont aujourd'hui dans des installations sophistiquées où la ventilation, la température et la lumière sont contrôlées. Certains sont encore élevés en plein air. Ils s'abritent du soleil et de la pluie dans des huttes de tôle.

***Le piétrain** croisé avec un large white a des oreilles droites.*

***Le blanc de l'Ouest** a des oreilles tombantes qui cachent ses yeux. Sa viande donne de la bonne charcuterie.*

Les bains de boue

Le cochon ne supporte pas la chaleur et il trouve un peu de fraîcheur en se prélassant dans la boue. Par la même occasion, il se débarrasse de ses parasites.

Un chercheur de truffes

Grâce à son odorat très développé, le cochon trouve facilement des truffes. Il remue le sol de son groin et déterre ces champignons très rares et si appréciés.

LES CHEVAUX

Le cheval est un animal magnifique, haut sur ses jambes : « la plus noble conquête de l'homme ». Il lui a rendu des services pendant très longtemps en le transportant et en l'aidant dans les champs. Plus agile et plus rapide que le bœuf, le cheval travaillait dans les potagers et les vignes. À l'arrivée de l'automobile et des tracteurs, il a disparu des rues et des fermes. De nos jours, on peut en admirer sur les champs de courses, dans les concours hippiques ou au cirque. On apprend à les monter dans les centres équestres. Afin que les chevaux de trait ne disparaissent pas, on leur attribue de nouvelles activités.

*L'élégant **boulonnais** est doux et vif. En général, sa robe est grise.*

L'entretien

Le cheval dort dans l'écurie, où il a besoin de paille bien propre. Après la promenade ou tout autre exercice, il faut le sécher en le frottant avec de la paille, c'est-à-dire le bouchonner. Ensuite, on le brosse pour qu'il garde un beau poil.

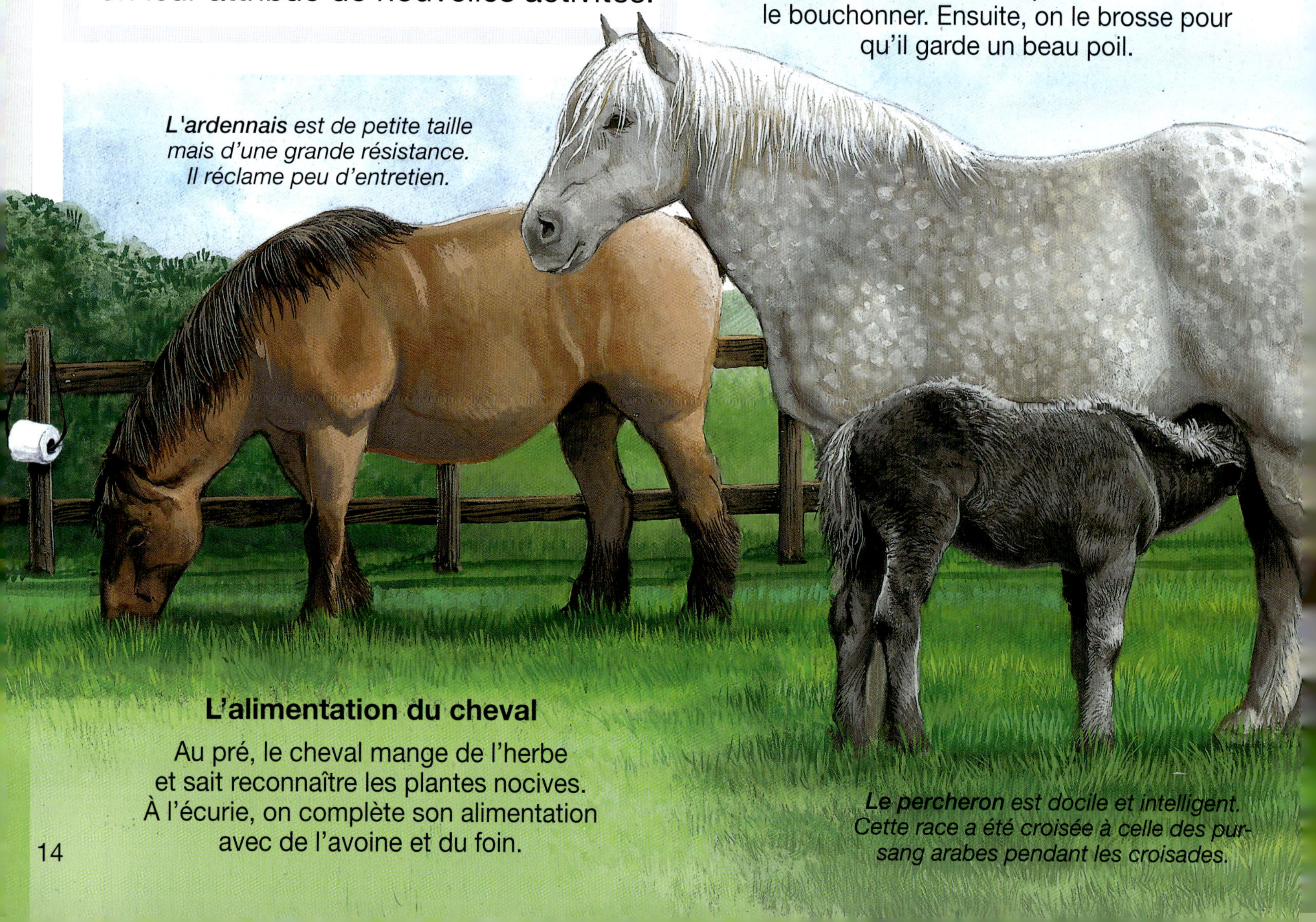

*L'**ardennais** est de petite taille mais d'une grande résistance. Il réclame peu d'entretien.*

*Le **percheron** est docile et intelligent. Cette race a été croisée à celle des pur-sang arabes pendant les croisades.*

L'alimentation du cheval

Au pré, le cheval mange de l'herbe et sait reconnaître les plantes nocives. À l'écurie, on complète son alimentation avec de l'avoine et du foin.

Le maréchal-ferrant

Un vieux dicton dit : « Sans pied, il n'y a pas de cheval. » Le pied du cheval est fragile, il faut le ferrer pour éviter qu'il se fende. Le savoir-faire du maréchal-ferrant se perpétue de génération en génération : il taille le sabot, forme le fer à chaud et le cloue ensuite au sabot du cheval.

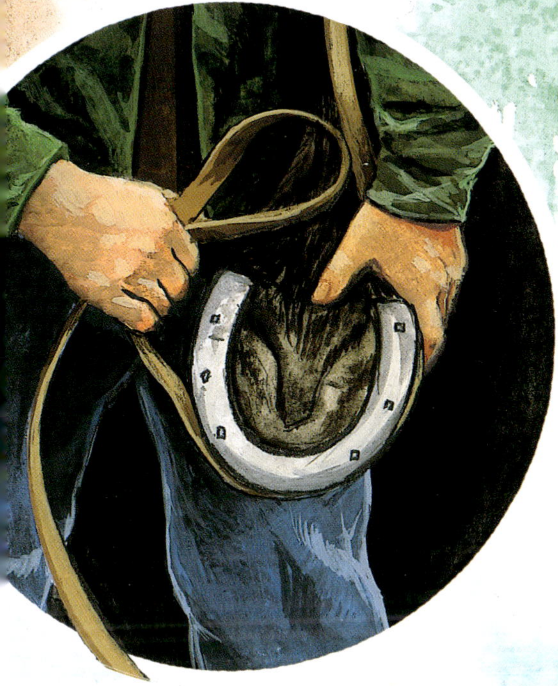

Avant le tracteur

Le fermier a utilisé la force du cheval pour labourer sa terre ou pour débarder, c'est-à-dire dégager les troncs d'arbre après une coupe. Les chevaux de trait sont des animaux hauts et trapus, très puissants, capables de tirer de lourdes charges.

Le cheval se roule par terre

Pour se détendre, se frotter le dos ou se débarrasser des parasites, le cheval se couche sur le côté, donne un coup de reins et roule de l'autre côté. Il ne fait pas toujours le tour du premier coup !

Le poulain tente de se lever très vite après sa naissance. Il titube et tombe, mais au bout d'une heure il tient debout sur ses pattes. Encore un petit effort et il parvient à faire plusieurs pas. Quelques heures plus tard, il galope avec sa mère !

Le poulain tète aux pis pendant plus de six mois, certains près d'un an. Mais, dès l'âge d'un mois, il commence à brouter l'herbe. Il reste très attaché à sa mère, avec laquelle il aime jouer et courir.

LES MOUTONS

Domestiqué depuis des milliers d'années, le mouton est élevé en vue de la production de lait, de viande et de laine. Comme la vache, le mouton est un ruminant. Il peut se contenter de vivre dans des régions sèches et arides, où la végétation est pauvre, car il coupe l'herbe à ras et ne laisse pas un brin d'herbe. Cependant, certaines races de moutons se sont bien adaptées à des climats pluvieux et à de l'herbe bien verte. Ainsi, en Grande-Bretagne, il n'est pas rare d'apercevoir d'immenses troupeaux de moutons brouter allégrement dans de vastes prés.

*La race **mérinos** est originaire d'Espagne. Elle donne une laine fine et abondante.*

Les différentes races

On compte 450 races de moutons domestiques dans le monde. Elles ont des particularités et des qualités différentes. On les distingue par leur allure, la forme des cornes du bélier, leur laine courte ou longue, blanche ou noire. On apprécie telle race pour son calme ou telle autre pour sa résistance aux difficultés du climat.

Bélier, brebis et agneau

C'est à l'automne qu'a lieu la saison des amours entre le bélier et la brebis. Cinq mois plus tard, la brebis met bas un, deux, voire trois agneaux. Une demi-heure après sa naissance, trop faible sur ses pattes, le petit se contente de dresser la tête pour téter sa mère. Les jours suivants, il se met à genoux pour attraper les pis.

l'agneau est capable de reconnaître sa mère à ses bêlements et à son odeur.

La transhumance

Après l'hiver passé à la bergerie, les moutons se dégourdissent les pattes pendant une ou deux semaines. Ensuite, guidés par le berger, ils montent vers les prés ou les hauts pâturages de montagne. Les animaux de tête sont décorés et portent des cloches. C'est l'occasion de fêtes de village. Les troupeaux qui viennent de la plaine mettent plusieurs jours pour atteindre les pâturages. En Europe, les grandes transhumances à pied sont rares. Dorénavant, une partie du voyage se fait en camion. On perpétue cependant ces vieilles pratiques pour empêcher le développement des friches et entretenir les chemins.

Le berger et son chien

Le berger surveille son troupeau avec le précieux concours de son chien, qui court du matin au soir pour resserrer les rangs ou éloigner les bêtes sauvages. Il est capable de ramener les bêtes égarées, de soigner un animal malade et d'aider une brebis qui met bas.

La tonte des moutons

La tonte consiste à raser la laine du mouton. On la fait au printemps ou au début de l'été afin que l'animal ainsi dévêtu supporte mieux la chaleur de la belle saison et que sa laine repousse avant l'hiver.
Les tondeuses électriques d'aujourd'hui ont remplacé les ciseaux d'autrefois. C'est un exercice difficile, que certains pratiquent avec beaucoup d'aisance. Quelques minutes suffisent au tondeur averti pour raser un mouton.

LES CHÈVRES

La chèvre, comme le mouton, a été domestiquée par l'homme il y a des milliers d'années. Malgré la clôture de la ferme, elle n'a jamais oublié la joie de la liberté et des grands espaces ! La chèvre mange de l'herbe, des branches, des bourgeons et du sel. Cet animal robuste, qui s'adapte facilement à tous les climats, sait se contenter de peu jusque dans les régions arides ! On l'élève surtout pour son lait. Autrefois, les pauvres ne pouvant s'offrir une vache possédaient une chèvre. On l'appelait « la vache du pauvre ». Pour sa taille, elle donne plus de lait que la vache et celui-ci est plus nourrissant.

La chèvre est une fugueuse !

La chèvre aime se promener toute seule à la recherche de sa nourriture. Il est indispensable de l'attacher à un piquet si le pré n'est pas solidement clôturé, car elle aime forcer les passages.

Vive la liberté !

Les chèvres, dans les hauts pâturages de montagne, peuvent gambader et grimper en toute liberté sous l'œil attentif du chevrier, aidé de son chien.

Le bouc est le mâle de la chèvre. Pendant la saison des amours, en automne, il courtise plusieurs chèvres à la fois.

Le chevreau

Il naît en général au printemps, après cinq mois de gestation. Il tète sa mère pendant plusieurs semaines avant de brouter l'herbe.

Parfois, la chèvre met bas deux ou trois petits. Comme elle n'a que deux pis, le troisième doit être nourri au biberon !

Les différentes chèvres

La forme des oreilles et des cornes, la longueur et la couleur des poils varient selon la race. Certaines chèvres sont élevées pour la qualité de leur laine, d'autres pour leur viande. Il en existe de nombreuses races.

Une agilité de montagnarde

La chèvre ne recule pas devant l'effort pour atteindre une branche. Elle a gardé de ses origines montagnardes une grande agilité. Elle se dresse et grimpe n'importe où.

La chèvre ***angora*** *de Turquie porte une superbe laine blanche, fine comme de la soie. Cette laine, très prisée, est appelée mohair.*

L'alpine *est la race la plus répandue en Europe. Elle broute allégrement les buissons de la garrigue au bord de la Méditerranée.*

La chèvre des Pyrénées *supporte parfaitement les longues marches et la vie à la montagne. Les troupeaux vivent à l'extérieur et ne rentrent que pour l'agnelage.*

Les fromages de chèvre

Avec le lait de chèvre, on fabrique de nombreux fromages très réputés. Au printemps et en été, la chèvre donne du lait en abondance. C'est durant cette période que les fromages sont les meilleurs. En bûche, en cône, frais, tendres, secs ou durs, il y en a pour tous les goûts !

La traite

Une chèvre qui a eu des petits donne du lait. Pour la traire, le chevrier attrape généralement les pis entre les pattes arrière de l'animal. Il trait la chèvre à la main ou en fixant une trayeuse électrique. Il fait attention de ne pas la bousculer ou l'effrayer. Si elle a peur ou si elle est contrariée, la chèvre retient son lait !

LES LAPINS

Les lapins se reproduisent très rapidement : chaque femelle peut avoir entre six et dix lapereaux en même temps quatre fois par an ! Mais pour cela elle a besoin de bonnes conditions de vie : une cage aérée, éclairée et bien chauffée ! Le lapin mange surtout au lever et au coucher du soleil. Il grignote presque toutes les herbes des champs, luzerne, trèfle ou pissenlit, mais aussi carottes, épluchures, salade, grains d'orge et d'avoine. Il ne faut pas donner d'herbe mouillée à un lapin, car il pourrait tomber malade. En revanche, il a besoin de boire souvent et en grande quantité une eau bien propre.

La vie en cage

À la ferme, le lapin est élevé dans une cage en ciment ou en bois. L'ensemble des cages constitue un clapier. Les cages doivent être nettoyées régulièrement, car le lapin est fragile et ne supporte pas l'humidité. On retire les restes d'aliments de la veille qui n'ont pas été mangés.

Le fauve de Bourgogne

Une vie confortable

Les lapins, et surtout les femelles, ont besoin de calme pour bien se développer et se reproduire. Le fermier installe le clapier dans un endroit tranquille. Il contrôle la reproduction en choisissant le meilleur moment pour regrouper les mâles et les femelles, qui vivent le reste du temps séparément. Il améliore ainsi la qualité de son élevage.

Quelques races de lapins

Il existe plusieurs espèces de lapins qui se différencient par leur grosseur et la couleur de leurs poils. Qu'ils soient nains ou géants, ils ont toujours de grandes oreilles ! Certains sont très appréciés pour leurs longs poils soyeux, avec lesquels on fabrique des tissus.

La vie des lapereaux

Les petits lapereaux naissent aveugles et sans poils. Vers le cinquième jour, un léger duvet apparaît et, au neuvième jour, les poils recouvrent complètement leur peau. Au bout de quinze jours, les lapereaux commencent à ouvrir les yeux et à marcher. Encore quelques jours et ils bondiront !

*Le lapin **angora** est élevé pour ses poils, que l'on tond régulièrement et qui entrent dans la composition de certaines laines.*

Le bélier français

Le petit russe

Élevés en liberté

Pendant les beaux jours, on peut lâcher les lapins dans un pré à condition que le grillage qui le clôture soit bien enfoncé dans le sol, car les lapins creusent des tunnels par où ils pourraient s'échapper. Ils ont gardé cette pratique de la vie sauvage, quand ils vivaient en groupes dans des ensembles de terriers appelés garennes.

LES POULES

La poule est la femelle du coq. Les poussins, une fois devenus plus grands, sont appelés des poulets. Le coq, plus gros et plus robuste que la poule, se promène avec une allure très fière dans la basse-cour, où il est le chef. Quand il y a deux coqs dans le poulailler, ils se battent souvent et il faut les séparer. Le coq chante au lever du soleil et la poule caquette lorsqu'elle a pondu son œuf. Ces animaux vivent avec le soleil : ils se réveillent à l'aube, au chant du coq, et se couchent avec le soleil. Quant à la poule, elle pond quand il y a suffisamment de lumière. C'est pourquoi elle pond moins en hiver.

Des ennemis sournois

Les prédateurs qui veulent dévorer les poules sont nombreux à rôder autour du poulailler : renards, belettes ou putois. Il est indispensable de protéger la volaille par un grillage solide.

La nourriture

Les poules mangent les grains d'orge, de blé et de maïs que leur fournit le fermier. Elles y ajoutent de petits vers qu'elles cherchent en grattant le sol avec leurs pattes.

Les poules se battent

La vie au poulailler est mouvementée : certaines poules sont assez agressives et donnent des coups de bec pour montrer leur supériorité. Quand la hiérarchie est installée, ces poules mangent les premières. Les autres attendent leur tour.

Les poules passent la plupart de leur temps à l'extérieur. Mais du confort du poulailler dépend leur bien-être, car elles y dorment, y mangent et y pondent. Le sol doit être propre et en béton pour que les rongeurs ne puissent y entrer.

La poule pond des œufs...

Le fermier aménage un endroit avec de la paille et dépose un œuf en plâtre pour indiquer à la poule où elle doit pondre son œuf quotidien. Il faut ramasser les œufs tous les jours mais ne pas garder les œufs trouvés hors du coin aménagé.

La poule s'occupe de ses petits pendant huit jours, durant lesquels elle ne pond pas. Elle leur apprend à se nourrir en leur montrant l'exemple et, au moindre danger, elle les cache sous ses ailes.

... et les couve

Si le fermier veut avoir des poussins, il faut laisser la poule qui a été fécondée par le coq couver ses œufs. La poule couve une dizaine d'œufs à la fois pendant trois semaines. En général, le fermier l'installe dans un endroit calme. Deux fois par jour, elle quitte son nid pour aller se nourrir. Le fermier en profite pour vérifier la qualité des œufs et enlever ceux qui sont cassés ou fêlés. Quand le poussin naît, il n'a pas la même couleur que sa mère. En général, son duvet est jaune.

LES PINTADES

De la même famille que le coq et le dindon, la pintade doit son nom à son plumage tacheté de blanc. En effet, les Portugais, qui l'ont introduite en Europe, la surnommaient « pintada », ce qui signifie « poule peinte ». Cet animal originaire d'Afrique n'est pas très gros, de la taille d'une petite poule. Les pintades aiment la vie de groupe et s'éloignent rarement les unes des autres.
Un grand espace convient bien à leur besoin de beaucoup marcher. Les mâles ont mauvais caractère et embêtent souvent les autres animaux de la basse-cour. Quand la pintade crie, on dit qu'elle criaille.

La tête de la pintade est déplumée et ornée d'une crête appelée casque. De chaque côté de son bec pendent des barbillons de peau, généralement plus gros chez le mâle. La pintade secoue perpétuellement la tête.

Toujours groupées

Les pintades se déplacent en général toutes ensemble. Quand elles s'éloignent de la ferme, souvent avec les poules, pour compléter le repas donné par le fermier, elles ne partent pas séparément, contrairement aux poules, qui se dispersent. Elles marchent et courent mais restent en groupe jusqu'à leur retour.

La pintade picore volontiers l'herbe tendre.

La pintade cache ses œufs

À l'approche du printemps, la pintade pond des œufs de couleur jaune rosé. Elle préfère les endroits bien cachés, à l'abri d'un buisson ou d'un vieux tronc d'arbre. Elle fait son nid d'un simple creux qu'elle garnit de feuilles, d'herbe et de plumes. La pintade ne couve pas. Le fermier confie donc ses œufs à une poule.

La pintade mal-aimée

La pintade a quelques défauts qui la font peu apprécier des éleveurs. Tout d'abord, elle pousse sans cesse un cri aigu et perçant, très déplaisant pour le voisinage. De plus, elle est peureuse et s'affole au moindre bruit. Dans la panique, elle se réfugie avec ses sœurs dans un petit recoin, au risque de s'étouffer. Il lui faut donc un endroit calme ! Enfin, elle est querelleuse, n'hésitant pas à s'attaquer à plus gros qu'elle et provoquant de grands chahuts dans la basse-cour.

Tous en famille

Quand les pintadeaux, qui sont les petits de la pintade, naissent, ils se mettent tout de suite à courir. Ils s'entendent très bien avec les poussins de la poule, picorant quelques graines et déterrant des vers de terre et des œufs de fourmi. Le mâle aide la femelle à élever les petits.

LES DINDONS

Le dindon est le plus gros oiseau de la basse-cour. Il est originaire d'Amérique, où il était déjà élevé pour sa chair et ses plumes quand les Européens l'y ont découvert. Ils l'appelèrent le coq d'Inde, car on nommait l'Amérique les Grandes Indes. De là viennent les noms « dinde » et « dindon ». Sa tête, à la peau rouge, comme couverte de verrues, ne porte ni plumes ni crête. Le rouge s'intensifie quand le dindon est énervé. Il a besoin d'espace pour grandir dans de bonnes conditions. Il se nourrit d'herbe et de plantes. Il est élevé pour sa chair, que l'on déguste traditionnellement à Noël.

Les différentes variétés

L'élevage et la sélection des dindons ont fait apparaître diverses espèces, qui se différencient du modèle sauvage, petit et terne, par leurs coloris et leurs tailles. Les couleurs vives et les grandes tailles leur seraient nuisibles dans la nature, où il faut savoir passer inaperçu. Noirs, blancs, aux reflets verts ou marron, ils ont tous la même allure, avec une queue tombante.

Le bronzé d'Amérique est le dindon qui ressemble le plus à son ancêtre sauvage.

Le dindon est bagarreur

Il est très fort et en profite pour impressionner les poules, les canards et même les coqs. Le dindon n'aime pas le rouge. Il peut se mettre en colère quand il voit cette couleur !

Les dindons rouges doivent leur succès à l'originalité de leur couleur, comparée au noir et au bronze, plus courants. Ce rouge est en fait un brun rougeâtre.

Les dindons blancs sont généralement de gros dindons. Leur plumage est d'un blanc pur, qu'ils ont du mal à garder intact dans les parcours d'extérieur !

Une mère encombrante

Aujourd'hui, on utilise le mot « dinde » pour désigner la femelle du dindon. Elle pond au printemps et un peu à l'automne. Elle s'éloigne des autres oiseaux de la basse-cour et cherche un coin isolé pour pondre et couver ses œufs. Il faut la surveiller, car elle est grosse et lourde et pourrait écraser ses propres œufs par inattention.

La parade

Afin de séduire la femelle, le mâle hérisse ses plumes, redresse sa queue en roue, étire ses ailes, qui frottent le sol, et pousse de puissants glouglous. Il arrive que des mâles se battent pour une femelle en se donnant des coups de bec et de pattes. La violence du combat entraîne parfois la mort.

Le petit de la dinde s'appelle le dindonneau. Il craint le froid et l'humidité.

LES OIES

L'oie est un oiseau au long cou, aux ailes puissantes. À l'état sauvage, c'est une grande migratrice. Elle marche et court facilement, car ses courtes pattes sont placées bien au centre de son corps. Plus grosse que l'oie sauvage, l'oie de ferme est élevée pour sa chair et son foie. C'est un animal qui aime la compagnie. Quand elle est seule, l'oie s'ennuie et meurt. En revanche, en groupe, elle crie beaucoup et emploie un langage gestuel composé de mouvements du cou et du bec. On dit de l'oie qu'elle est fidèle à la fermière et bonne gardienne. Le mâle, appelé jars, sait être très menaçant.

*L'oie de **Guinée** est un oiseau gracieux, dont la chair est très appréciée.*

De grosses mangeuses

Les oies mangent de grandes quantités d'herbe, tendre de préférence. Elles agrémentent ces repas de petits vers et d'insectes, et les complètent avec des céréales, du blé, du maïs...

Le foie gras

Pendant trois semaines, les oies de quatre à six mois sont gavées. C'est-à-dire que, trois fois par jour, on leur fait ingurgiter de force de grosses quantités de maïs ou d'aliments très riches soit à la main soit à l'aide d'une machine. Le foie de l'animal stocke les graisses et augmente de volume. Puis l'oie est tuée. On retire alors le foie, que l'on prépare en terrine ou en pâté avec d'autres morceaux de viande.

Il y a de nombreuses variétés d'oies blanches. Pour qu'elles restent immaculées, il leur faut un grand espace et un plan d'eau aux abords propres.

*On élève **l'oie d'Alsace** pour obtenir du foie gras en grande quantité.*

À l'abri des regards indiscrets

L'oie cherche un endroit, souvent avec l'aide du mâle, pour confectionner un nid douillet bien dissimulé. Elle regroupe brindilles, herbes, paille et ajoute du duvet qu'elle arrache à son ventre. Elle pond en général en février et, lorsqu'elle couve, elle se nourrit peu et défend son nid avec agressivité.

L'oie éduque sa progéniture

L'oie domestique, contrairement à l'oie sauvage, qui abandonne ses petits très vite après leur naissance, sait s'occuper d'eux, les défendre et leur apprendre à se nourrir.

Les oisons craignent l'eau, car elle s'infiltre dans leur duvet.

Les petits de l'oie font de gros efforts pour s'extraire de leur œuf. Une fois sortis, leur duvet sèche et, quelques heures plus tard, ils sont capables de marcher. Très vite, ils savent trouver de la nourriture et de l'eau et, quand ils ont besoin de chaleur, ils se réfugient auprès de leur mère.

Le jars est batailleur

Le mâle de l'oie crie souvent et aime se battre. Il n'a pas bonne réputation et il vaut mieux ne pas l'approcher quand on ne le connaît pas, car il peut attaquer.

LES CANARDS

Les canards élevés dans les fermes proviennent de races de canards sauvages qui ont été domestiquées. Le canard aime beaucoup l'eau des rivières ou des étangs, mais il s'adapte très bien à la vie de la ferme avec les autres animaux de la basse-cour. Alors que le canard sauvage peut voler haut et pendant longtemps, le canard domestique, plus lourd et plus volumineux, ne vole pratiquement pas. Certaines espèces continuent à voler. C'est pourquoi on coupe le bout d'une aile des canetons. On élève les canards pour leur chair, et certains plus particulièrement pour produire du foie gras.

Pour pondre ses œufs, la cane se fabrique un petit nid douillet avec les plumes de son duvet.

Drôles de poussins

La cane est la femelle du canard. Il faut la guetter au moment de la ponte, car elle pourrait déposer ses œufs trop près de la mare et ils risqueraient d'y tomber. Dès qu'elle a pondu, le fermier confie ses œufs à une poule, qu'il peut facilement surveiller.

Le canard de Barbarie

Premier bain

Les canetons qui viennent de naître sont fragiles et ne doivent pas aller dans l'eau avant un mois. En effet, leurs plumes ne sont pas encore imperméables et les canetons attrapent froid. Mais, dès qu'ils le peuvent, ils se pressent derrière leur mère pour barboter dans l'eau.

Différentes espèces

Dans les fermes vivent des canards de différentes espèces. Ils sont reconnaissables à leur plumage, à la forme de leur bec, à leur port de tête. Le plumage des mâles est généralement plus coloré que celui des femelles. Il existe deux familles de canards domestiques. La première, et la plus diversifiée, regroupe les espèces issues du canard colvert. La seconde compte un unique représentant, le canard de Barbarie, qui se différencie par sa face sans plumes.

Plonger pour se nourrir

Le canard s'incline et plonge en basculant la queue en l'air afin d'attraper des plantes qui poussent en eau peu profonde.

Le coureur indien *se tient presque tout droit.*

Une cane ***colvert*** *fouille la berge pour y trouver des graines et de petits vers.*

Le colvert *adore nager et filtre, à la surface de l'eau, des graines et des insectes.*

De gros mangeurs

Les canards mangent des pâtées à base de farine préparées par le fermier ; ils apprécient également la salade et les orties hachées. Ils complètent ces repas par des graines et des vers trouvés dans la nature. Ce sont des animaux faciles à nourrir !

LES CHEVAUX

Texte
Émilie BEAUMONT
Agnès VANDEWIELE

Images
Marie-Christine LEMAYEUR
Bernard ALUNNI

LES ORIGINES ET LES MYTHES

Les eohippus, ancêtres des chevaux, mesuraient entre 25 et 50 cm. Progressivement, leur taille s'est développée. Il y a 38 millions d'années, ils n'avaient plus que trois doigts au lieu de quatre. Certains broutaient du feuillage, d'autres de l'herbe. Au cours de leur évolution, leurs membres se sont allongés et leur course s'est faite plus rapide. Celui qui ressemblait le plus au cheval actuel était l'equus caballus, apparu il y a un million d'années. D'Amérique il a colonisé l'Asie et l'Europe, étant à l'origine des races de chevaux existant aujourd'hui.

Les chevaux de Lascaux

Les hommes préhistoriques, qui d'abord chassaient le cheval, l'ont peu à peu apprivoisé. Il y a 17 000 ans, l'homme de Cro-Magnon a peint des fresques de chevaux dans la grotte de Lascaux, en France. Ces chevaux primitifs ressemblent beaucoup aux descendants de l'equus caballus, qui vivaient encore à l'état sauvage en Mongolie au XIXe siècle. On peut voir ces chevaux dits de Przewalski, dont la race est aujourd'hui protégée, dans des zoos. Ils sont petits, avec une tête massive et un cou épais.

L'eohippus

C'est l'ancêtre du cheval. Il n'était pas plus grand qu'un renard ! Ses membres antérieurs portaient quatre doigts, les postérieurs seulement trois. Il ressemblait certainement plus à un daim qu'à un cheval. Grâce à son pelage sombre et zébré, il se dissimulait facilement pour échapper aux prédateurs. Au cours de son évolution, cet ancêtre du cheval a grandi et n'a plus marché que sur un ongle, pour devenir equus caballus.

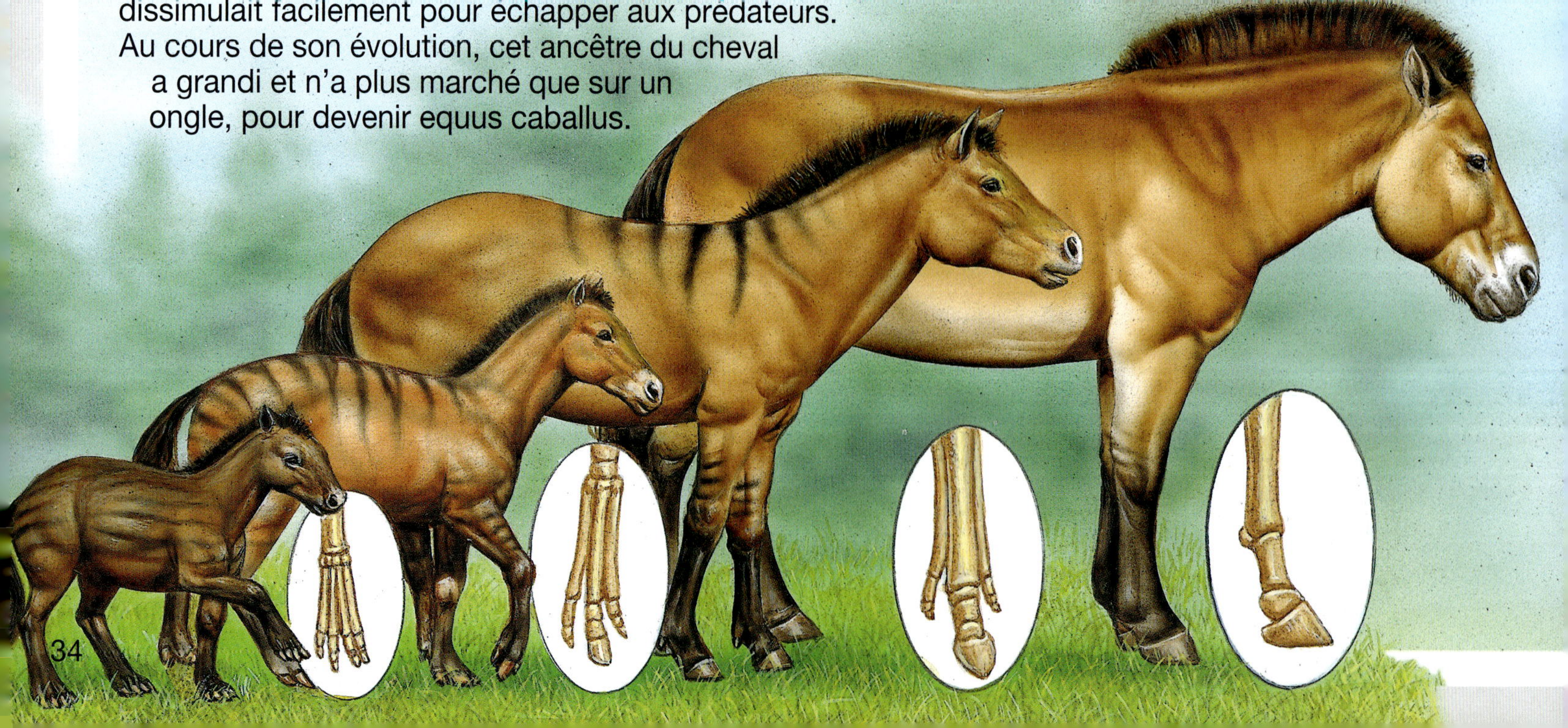

Le Centaure

On raconte que les Grecs, attaqués par des guerriers à cheval, crurent que le cavalier et sa monture ne faisaient qu'un seul être, mi-homme mi-cheval. On voit ainsi apparaître dans les mythes et les légendes ces monstres, appelés Centaures. Leur corps et leurs jambes de cheval sont surmontés d'un buste, de bras et d'une tête d'homme. Ils vivent dans les forêts et les montagnes et se nourrissent de chair crue.

Pégase

Pégase est un autre cheval de la mythologie grecque. Quand le héros Persée décapite Méduse, monstre au corps de femme et à la chevelure de serpent, du sang qui s'écoule naît Pégase, le cheval ailé. Il est capturé par Bellérophon, roi de Corinthe, qui lui passe autour du cou une bride d'or. Bellérophon, chevauchant Pégase, vainc la Chimère, un autre monstre tenant du lion, de la chèvre et du dragon. Mais quand Bellérophon s'élance pour escalader l'Olympe, Zeus, le roi des dieux, le désarçonne. Pégase devient alors la monture de Zeus, qui en fait une constellation.

Les premiers cavaliers

On pense que le cheval a commencé à être domestiqué vers le IVe millénaire avant J.-C., dans les steppes de l'Asie centrale et de la Mongolie. Mais ce n'est sans doute qu'au cours du IIe millénaire que les pasteurs nomades s'en sont servis comme monture dans leurs déplacements à la recherche de nouveaux pâturages pour leurs troupeaux. Les cavaliers ont d'abord mis sur le dos du cheval une peau de bête ou une couverture, qui a été remplacée vers l'an 500 avant J.-C. par une selle avec des étriers.

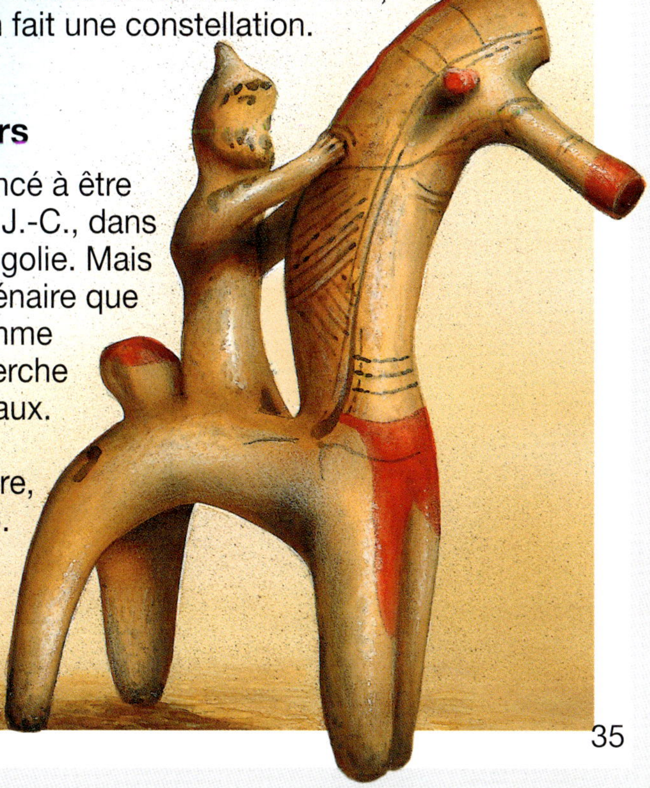

Cette sculpture en céramique date du XIIIe siècle avant notre ère. Le cavalier est assis sur la croupe du cheval.

L'ANATOMIE ET LES SOINS

Le cheval d'écurie demande des soins attentifs. Chaque jour, on doit le panser, c'est-à-dire faire sa toilette, changer sa litière, le faire travailler au moins une heure et demie et, après l'exercice, le bouchonner, c'est-à-dire le frictionner avec une poignée de paille pour qu'il ne prenne pas froid. Le cheval aime la compagnie et apprécie les visites quotidiennes. Sans le sortir, on peut lui parler, le caresser, lui apporter des friandises comme une pomme. Ainsi, il apprend à reconnaître l'odeur et la voix de son maître.

Le pansage

Le pansage est la toilette quotidienne du cheval, que l'on effectue pour une question d'esthétique et d'hygiène. Il permet de déceler les blessures ou les moindres problèmes de peau. C'est un moment qu'apprécie le cheval. On le brosse avec une étrille qui décolle la boue, on enlève la poussière avec une brosse dure, appelée bouchon, puis on lustre son poil avec une brosse douce.

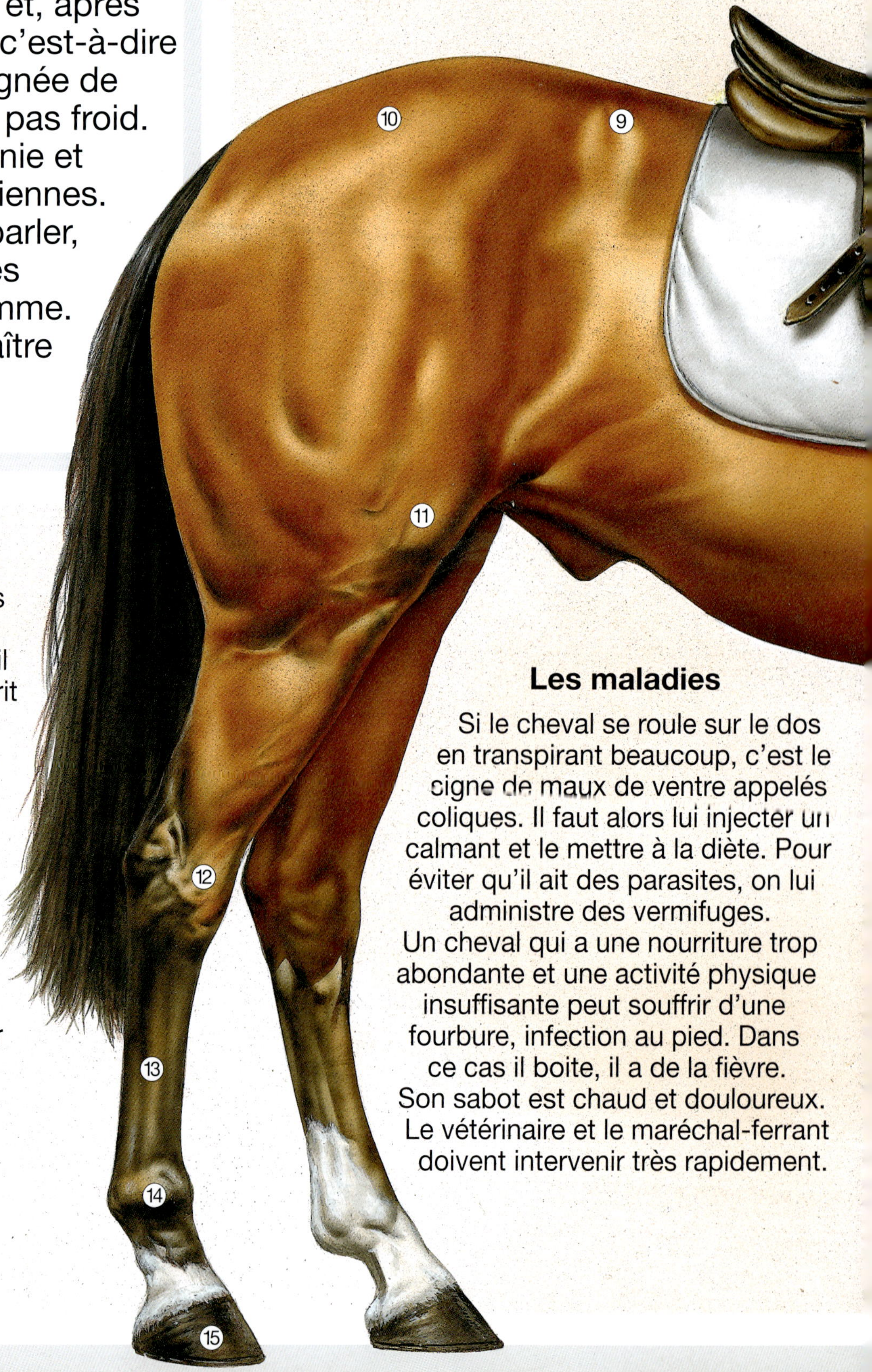

L'alimentation

Au pré, le cheval mange diverses variétés d'herbe fraîche laissant les plantes toxiques et celles qu'il aime moins. À l'écurie, on le nourrit de céréales (avoine, orge, maïs, son), de graines de soja et de lin, et de fourrage (foin, paille). En plus de tous ces aliments, le cheval mange des carottes, des pommes et des granulés. Le sucre lui apporte de l'énergie. La pierre à sel, qu'il lèche, lui procure minéraux et vitamines. Comme le cheval a un petit estomac, il vaut mieux lui donner trois à cinq repas par jour. Entre les repas, il mange du foin. Le cheval boit entre 30 et 50 l d'eau par jour.

Les maladies

Si le cheval se roule sur le dos en transpirant beaucoup, c'est le signe de maux de ventre appelés coliques. Il faut alors lui injecter un calmant et le mettre à la diète. Pour éviter qu'il ait des parasites, on lui administre des vermifuges. Un cheval qui a une nourriture trop abondante et une activité physique insuffisante peut souffrir d'une fourbure, infection au pied. Dans ce cas il boite, il a de la fièvre. Son sabot est chaud et douloureux. Le vétérinaire et le maréchal-ferrant doivent intervenir très rapidement.

On se sert de différents peignes pour peigner en douceur la queue et la crinière et démêler les crins. Pour débarrasser les pieds du cheval de la boue et des cailloux, on utilise un cure-pied. Il faut curer les sabots avant et après chaque sortie. Enfin, on passe une éponge humide sur le visage et sous la queue du cheval.

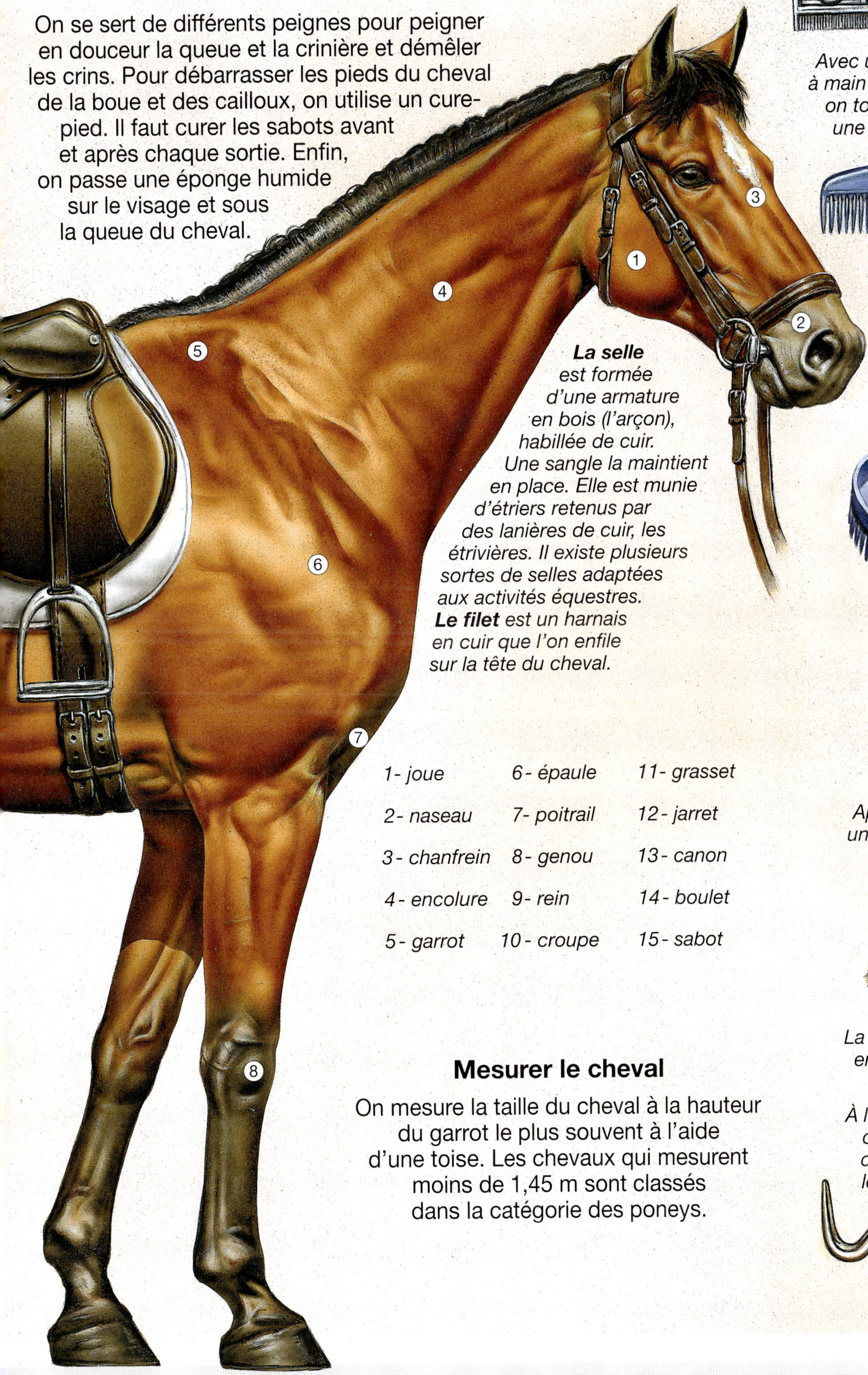

La selle *est formée d'une armature en bois (l'arçon), habillée de cuir. Une sangle la maintient en place. Elle est munie d'étriers retenus par des lanières de cuir, les étrivières. Il existe plusieurs sortes de selles adaptées aux activités équestres.* ***Le filet*** *est un harnais en cuir que l'on enfile sur la tête du cheval.*

1- joue
2- naseau
3- chanfrein
4- encolure
5- garrot
6- épaule
7- poitrail
8- genou
9- rein
10- croupe
11- grasset
12- jarret
13- canon
14- boulet
15- sabot

Mesurer le cheval

On mesure la taille du cheval à la hauteur du garrot le plus souvent à l'aide d'une toise. Les chevaux qui mesurent moins de 1,45 m sont classés dans la catégorie des poneys.

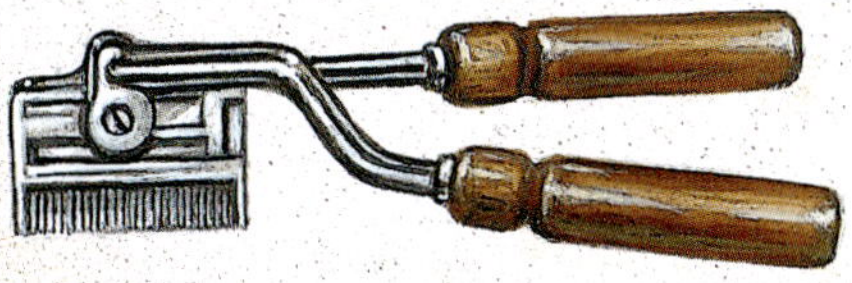

Avec une tondeuse à main ou électrique, on tond le cheval une fois par an.

Les peignes servent à égaliser et à coiffer la crinière et la queue.

On décrotte le poil avec une étrille.

Après l'étrille, on passe un coup de brosse dure, appelée bouchon.

La brosse douce permet enfin de lustrer le poil.

À l'aide d'un cure-pied, on nettoie les pieds du cheval en évitant les zones sensibles.

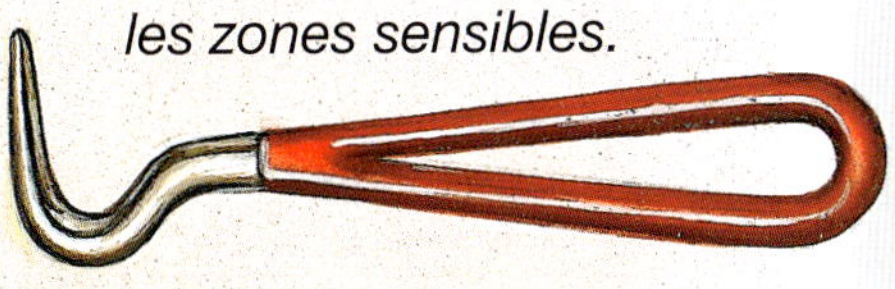

DES RACES

On peut classer les chevaux en deux catégories. Les chevaux légers sont destinés à la selle pour les promenades ou les compétitions. Vifs et nerveux, ils peuvent atteindre de grandes vitesses. Les autres chevaux, lourds et plus trapus, sont dits de trait. Calmes et dociles, capables de tirer de lourdes charges, ils sont originaires des régions où l'herbe est abondante, car ce sont de gros mangeurs. Selon les races, les chevaux sont de taille variable. Le plus grand dépasse 1,80 m au garrot. La naissance d'un cheval de race est consignée dans le livre généalogique de la race à laquelle il appartient. On dit qu'il a des « papiers ».

Profil rectiligne, tête dite carrée

Profil bombé, tête dite busquée

Profil creux, tête dite camuse

Profil renflé, tête dite de rhinocéros

Le tête du cheval, très expressive, est un élément de sa beauté. Les profils diffèrent selon les races.

Le lipizzan

Il est élevé au haras de Lipica en Slovénie. C'est le cheval de la célèbre école d'équitation autrichienne, l'École espagnole de Vienne, où le dressage est poussé à la perfection. Le lipizzan dépasse rarement 1,55 m. Il a de magnifiques yeux noirs.

Le pur-sang anglais

Cette race établie au début du XVIIIe siècle résulte du croisement de juments de race anglaise avec des étalons arabes. C'est le cheval de course par excellence, le plus rapide du monde. On le voit sur tous les hippodromes.

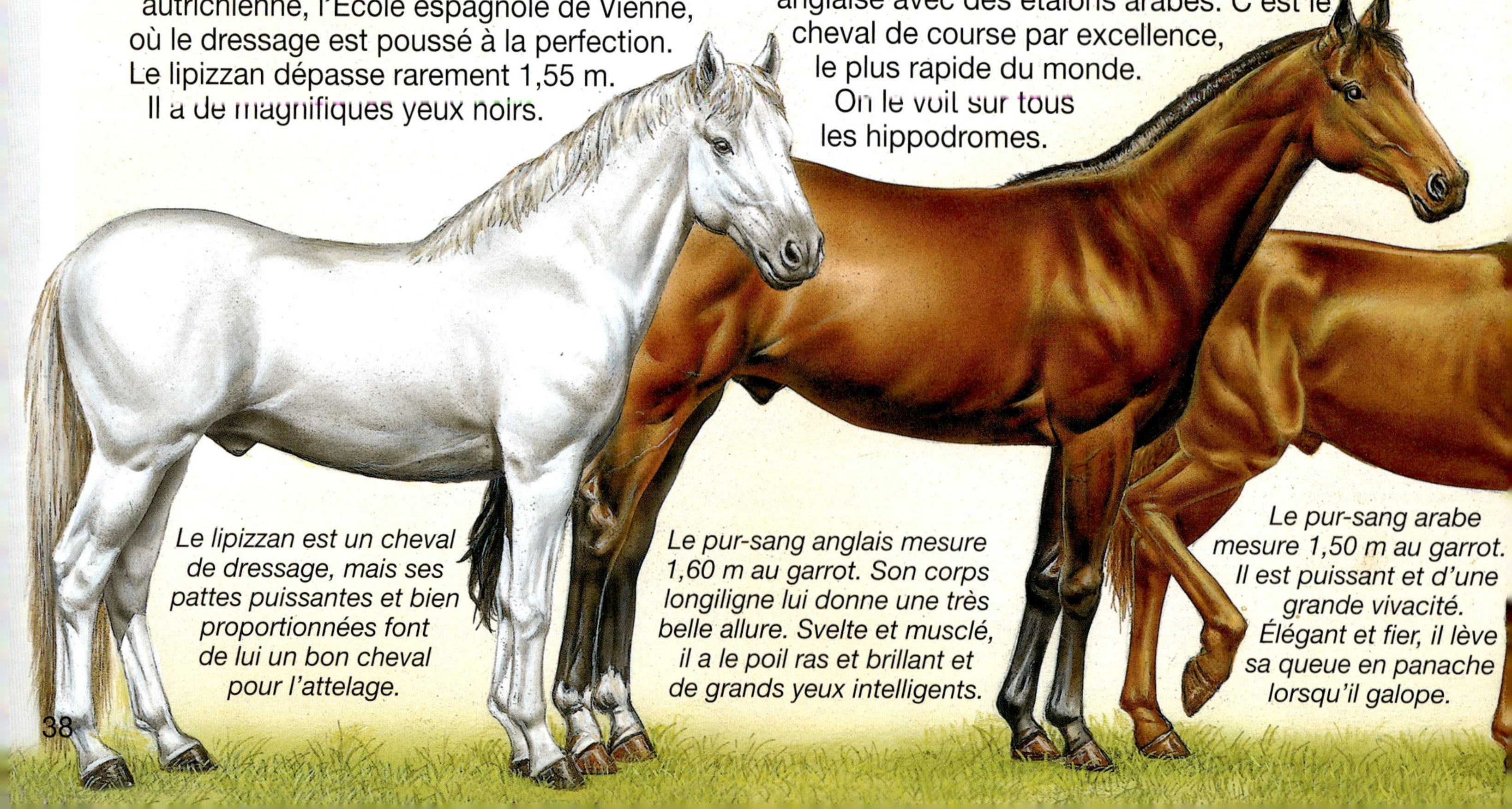

Le lipizzan est un cheval de dressage, mais ses pattes puissantes et bien proportionnées font de lui un bon cheval pour l'attelage.

Le pur-sang anglais mesure 1,60 m au garrot. Son corps longiligne lui donne une très belle allure. Svelte et musclé, il a le poil ras et brillant et de grands yeux intelligents.

Le pur-sang arabe mesure 1,50 m au garrot. Il est puissant et d'une grande vivacité. Élégant et fier, il lève sa queue en panache lorsqu'il galope.

Le shire

Ce haut cheval de trait, originaire d'Angleterre, mesure 1,80 m au garrot. Il est souvent de robe noire et de longs poils recouvrent ses sabots.

Le percheron

Originaire du Perche en France, il a une encolure musclée, une large poitrine et mesure 1,70 m au garrot.

Très élégant mais puissant, le shire est un magnifique cheval d'attelage.

Docile et gentil, le percheron est le cheval de trait le plus populaire du monde.

Le percheron doit son élégance et la forme de sa tête à ses ancêtres arabes. En effet, cette race est issue des croisements entre chevaux normands et arabes au retour des croisades.

Le pur-sang arabe

C'est une des plus anciennes races. Son élevage s'est développé en Orient et dans le désert d'Arabie. Compagnon fidèle des Bédouins, il fut découvert par les occidentaux lors des croisades.

Le holstein

Ce cheval élevé en Allemagne a souvent été croisé avec des pur-sang.

L'appaloosa

C'est un cheval tacheté originaire d'Amérique. Il n'y a pas un cheval semblable à un autre. La race a été élevée par une tribu d'Indiens, qui ainsi pouvaient reconnaître de loin un cavalier, à la chasse et au combat.

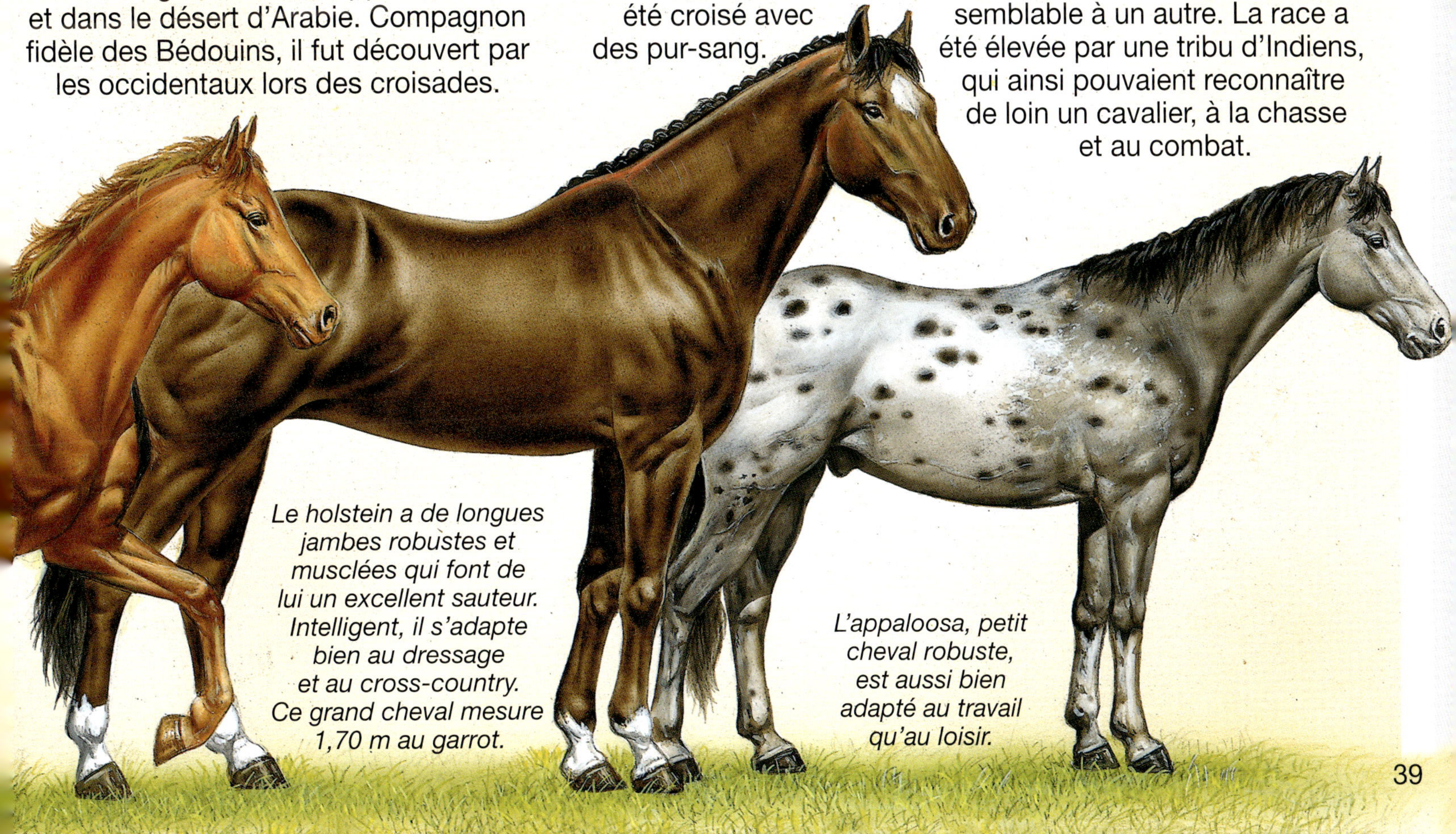

Le holstein a de longues jambes robustes et musclées qui font de lui un excellent sauteur. Intelligent, il s'adapte bien au dressage et au cross-country. Ce grand cheval mesure 1,70 m au garrot.

L'appaloosa, petit cheval robuste, est aussi bien adapté au travail qu'au loisir.

DES PONEYS

On appelle poneys les chevaux de petite taille, mesurant moins de 1,45 m au garrot. Originaires de régions arides, ces chevaux sont rustiques et très résistants. Les plus belles races se trouvent en Grande-Bretagne. Autrefois, beaucoup étaient utilisés pour porter de lourdes charges ou travailler dans les mines. Aujourd'hui, ce sont des montures idéales pour les enfants ou pour jouer au polo. Les poneys sont intelligents, fidèles et aiment la compagnie de l'homme. On compte une centaine de races de poneys dans le monde. Le plus petit est le falabella, qui mesure moins de 70 cm.

Le highland

Originaire d'Écosse, le highland est un poney assez grand : 1,20 m. Il est robuste et peut porter de lourdes charges. Il servait autrefois dans les mines d'étain et de plomb. On l'utilise aujourd'hui pour les attelages et les randonnées.

Docile et affectueux, le highland est aussi un excellent cheval de saut d'obstacles.

Le shetland

Ce petit poney de 1,05 m en moyenne est originaire des îles Shetland, au nord de l'Écosse. Sur ces îles, le climat est rude et la végétation rare. Aussi le shetland est-il un poney très robuste, qui n'exige pas une riche alimentation. Pour sa taille, il est le plus fort des chevaux : le shetland peut tirer plus de deux fois son propre poids.

Le connemara

Ce petit cheval irlandais est élevé en liberté dans les montagnes du Connemara, balayées par les vents. On l'a croisé avec des étalons andalous et arabes pour augmenter un peu sa taille.

Le halfinger

Ce petit cheval autrichien est le résultat d'un croisement entre des étalons arabes et de petites juments du Tyrol. C'est un poney robuste, doté d'une bonne musculature, ce qui fait de lui un excellent poney des montagnes. Il peut porter de lourds fardeaux sur des sentiers jusqu'à 5 000 m d'altitude.

Grâce à son pied très sûr, c'est un compagnon idéal pour faire de longues promenades. Excellent sauteur, il peut franchir des obstacles sans peine !

Doué d'un esprit vif, d'une grande mémoire, il apprécie la compagnie de l'homme. Il est facile de communiquer avec lui, car il est très sensible aux paroles.

Le dartmoor

Résistant, il s'adapte aux conditions climatiques les plus rudes : froid, vent. Il mesure moins de 1,30 m mais peut porter une charge de 75 kg sur son dos. Doux et familier, il est souvent monté par les enfants. C'est aussi un bon poney pour jouer au polo et faire des randonnées.

L'islandais

Ce cheval venu avec les premiers occupants de l'Islande a acquis dans cette île au climat très rigoureux une exceptionnelle rusticité. Il mange peu et réclame peu de soins. De plus il est très agréable à monter. Sa crinière et sa queue sont abondantes et son sens de l'orientation quasiment infaillible.

LE POULAIN

La jument porte son poulain pendant onze mois. La naissance a souvent lieu au printemps et la jument n'a qu'un seul petit à la fois. Pendant les premières semaines de sa vie, le poulain se nourrit exclusivement de lait maternel ; il boit entre 2,5 et 5 l de lait par jour. Dès la fin du premier mois, il commence à brouter de l'herbe et du foin. À 3 mois, on lui donne en outre de l'avoine et des céréales bouillies. On appelle « foal » le poulain jusqu'à 5 ou 6 mois, période du sevrage, où il est séparé de sa mère. À 18 mois, le cheval est prêt pour le début du dressage ; c'est le débourrage. Il ne devient adulte qu'entre 3 et 5 ans selon les races.

Les premiers pas

Très vite, le petit poulain essaie de se mettre debout. Il est très maladroit, avec ses jambes trop longues pour son corps, et doit faire plusieurs tentatives avant de réussir. Au bout d'une heure environ, le voici debout. Quatre heures plus tard, il galope déjà derrière sa mère !

La naissance

Quand la mise bas approche, la jument s'agite et se couche. Elle perd d'abord la poche des eaux qui protégeait le petit et lui apportait la nourriture dont il avait besoin. Puis, au rythme des contractions, le poulain apparaît : d'abord les sabots des pattes antérieures, suivis de la tête. La jument lèche le petit pour le sécher et le rassurer. En le léchant, elle s'imprègne de son odeur et lui transmet la sienne. La jument aide ensuite son petit à trouver ses deux mamelles pour qu'il puisse téter.

Le repas

Durant les premières semaines, le poulain tète très fréquemment et commence vite à brouter. À 1 mois, pour compléter le déjeuner maternel, il broute de plus en plus. Il apprend peu à peu à reconnaître les plantes toxiques. Il entreprend de jouer avec les autres poulains. À l'état sauvage, le sevrage a lieu lorsque la jument met bas un autre poulain, un an après.

Le divertissement

Aux premiers temps de sa vie, le poulain ne s'écarte pas de sa mère. Au début, il en est complètement dépendant et leur attachement reste très fort même après le sevrage. Le poulain ouvre de grands yeux pour observer tout ce qui l'entoure. Il est très joueur et fait des cabrioles pour exercer ses muscles et s'amuser.

COMPORTEMENT

Le cheval est un animal émotif et timide. Craintif, il sursaute au moindre bruit et une odeur inhabituelle le met en alerte. La peur peut provoquer chez lui des réactions violentes. En cas de danger, son seul moyen de défense est la fuite. Ses sens sont toujours en éveil, car il a longtemps eu de nombreux prédateurs. Ses pieds très sensibles le préviennent de la qualité du terrain. L'emplacement de ses yeux lui assure un champ de vision très étendu sur les côtés. Le cheval a une ouïe très fine, un odorat développé et une excellente mémoire auditive. Il reconnaît la voix de son cavalier et interprète sa volonté selon son intonation.

Quand ses oreilles se dressent, c'est que le cheval est attentif et curieux. L'œil grand ouvert symbolise la franchise.

Le langage des attitudes

Pour s'exprimer, le cheval adopte différentes attitudes. Elles s'accompagnent de hennissements, qui traduisent la joie, la colère ou la peur.

La harde

À l'état sauvage, les chevaux vivent en groupe de huit à douze animaux appelé harde. Le chef est un étalon prêt à se battre pour protéger juments et poulains. Quand le groupe se déplace, c'est une vieille jument expérimentée qui prend les grandes décisions et guide la harde vers les bons pâturages. Le chef surveille en restant à l'arrière.

Le cheval irrité agite sa queue et couche ses oreilles en arrière. Les petits yeux sont signe d'entêtement.

S'il est effrayé ou inquiet, le cheval se cabre et dresse la tête. Ses naseaux sont dilatés, on voit le blanc de ses yeux.

Tête en l'air, lèvre supérieure retroussée, le cheval fait un « flehmen ». Ainsi, il flaire mieux les phéromones, messages chimiques envoyés par d'autres chevaux.

Dans un geste tendre, ces chevaux se débarrassent mutuellement des parasites en se grattant avec leurs dents.

Le combat

Les combats entre étalons sauvages sont spectaculaires. Le plus souvent, ils ont lieu lorsqu'un étalon de la harde s'approche d'un autre pour essayer de séduire une jument ou de détrôner le chef. Au départ, les étalons s'observent, se grandissent et se menacent de coups de sabot. Alors, le plus impressionnant chasse l'autre. Parfois, un vrai combat s'engage entre les étalons : dressés sur leurs postérieurs, ils essaient de mordre l'adversaire à la gorge ou à l'antérieur.

À l'issue du combat, le plus faible, vaincu, s'enfuit. Le vainqueur s'empare alors de la jument ou prend la tête de la harde.

AU TRAVAIL

Dès l'Antiquité, en Égypte et en Assyrie, on utilisait les chevaux pour faire la guerre et tirer les chars. Dans le domaine militaire, la cavalerie a été utilisée jusqu'au début du XXᵉ siècle. Après 1918, les chevaux ont été remplacés par des véhicules à moteur. Avant l'apparition des automobiles, les chevaux tiraient les diligences, les tramways, les omnibus. Ils transportaient aussi les marchandises sur les routes, acheminaient le courrier et tiraient les wagonnets dans les mines. Les chevaux de marinier remorquaient les péniches le long des fleuves. On les voyait partout : dans les bois, les champs, la mer...

Un Indien et son travois

Pour transporter leurs bagages, les Indiens d'Amérique attelèrent à leurs chevaux une sorte de brancard appelé le travois. Quand la tribu levait le camp, on démontait les tipis et on utilisait les longues perches qui les soutenaient pour fabriquer les travois.

Les travaux agricoles

Jusqu'au début du XXᵉ siècle, le cheval servait en Occident à tirer la charrue pour labourer, faire des semailles, récolter et transporter les produits de la terre. Aux États-Unis, d'énormes moissonneuses-batteuses étaient tirées par des attelages de 40 chevaux ! Puis le cheval a peu à peu été remplacé par le tracteur. On s'en sert encore pour biner entre les rangs de choux-fleurs, d'artichauts ou de vigne.

Lorsque le réseau des routes s'est amélioré au XVIIᵉ siècle, les voitures à cheval se sont développées. Tirés par quatre ou six chevaux, coches et diligences emportaient à vive allure le courrier et les voyageurs.

Sur le chemin de halage

Avant le moteur, c'est la force des hommes et des chevaux qui halait les péniches sur les rivières et les canaux pour le transport des marchandises.

Les perches du travois étaient placées en forme de V et reliées par des lanières de cuir.

Le cheval de trait a une force spectaculaire. Son dos large et ses épaules se prêtent bien au port du collier, qui facilite la traction.

Les gardians de Camargue

C'est le nom des cow-boys du delta du Rhône, en France, ils gardent les troupeaux de taureaux noirs comme le faisaient leurs ancêtres. À califourchon sur leurs petits chevaux gris, armés d'un trident pour pousser le bétail, ils parcourent les marécages recouverts de roseaux. Ils comptent les animaux et marquent au fer rouge les veaux de l'année.

Les chevaux d'attelage étaient très sollicités, et donc changés régulièrement dans les relais. Aujourd'hui que les déplacements se font en véhicules motorisés, on attelle les chevaux pour des concours.

ÉQUITATION ET DRESSAGE

L'équitation savante consiste à faire exécuter au cheval des figures qui montrent ses qualités de souplesse et de légèreté, ainsi que sa parfaite entente avec son cavalier. Lorsque le dressage a atteint un haut degré, le cheval paraît évoluer naturellement, comme s'il était en liberté. L'école du Cadre noir perpétue la tradition équestre française. Pour dresser les chevaux, on les fait travailler à la longe, puis à la main, aux longues rênes et aux piliers avant de les monter. Il existe des concours de dressage et de saut d'obstacles.

La cabriole

Lorsque le cheval est en l'air, il lance une violente ruade. Ses postérieurs sont complètement tendus avant que ses membres antérieurs ne touchent le sol. C'est une figure classique, le plus parfait des sauts, combinaison de la croupade et de la courbette.

Le saut d'obstacles

Il nécessite une grande confiance entre le cavalier et sa monture. Le cavalier doit accompagner les mouvements du cheval sans le gêner.

Pour dresser le cheval à franchir les obstacles, on lui fait d'abord sauter de simples barres au trot, puis on augmente progressivement leur hauteur et il doit ensuite les franchir au galop. On améliore la qualité de ses sauts en hauteur et en longueur grâce à un sérieux entraînement avec un bon cavalier.

Le Cadre noir de Saumur

C'est le corps des instructeurs qui perpétue l'enseignement de l'équitation française. Les cavaliers y apprennent les sauts d'école comme la courbette, la croupade et la cabriole, sauts pratiqués sans étriers. Les chevaux et les élégants cavaliers du Cadre noir donnent de superbes représentations pendant lesquelles ils exécutent d'impeccables mouvements.

La courbette

Cet exercice de haute école est l'un des plus spectaculaires et des plus difficiles à réaliser. Le cheval se cabre, dressé sur ses membres postérieurs, presque à la verticale. Il peut alors exécuter plusieurs sauts de suite. Certains chevaux peuvent en faire dix sans reposer les membres antérieurs à terre.

La délicate exécution de la cabriole demande au cheval beaucoup d'énergie et une excellente synchronisation.

L'appuyer

Dans ce mouvement, le cheval se déplace de côté, vers la droite ou vers la gauche, en croisant ses membres. Cet appuyer peut se faire au pas, au trop ou au galop. Un cheval qui réalise ce mouvement prouve qu'il est bien accordé à son cavalier et se contrôle parfaitement.

SPORTS ÉQUESTRES

Les sports équestres sont souvent dérivés de pratiques guerrières. Ils obéissent à des règles précises et seuls d'excellents cavaliers peuvent y participer. En Argentine, on joue au pato, une sorte de handball à cheval. Le bozkachi, qui se pratique dans les steppes afghanes, est le plus brutal des sports équestres. Chaque équipe tente de s'emparer de la dépouille décapitée d'un bouc et de la porter dans un cercle. Les skieurs de ski-driving, sont tirés par des poneys ou par des chevaux.

Le rodéo est un sport brutal : lors d'une épreuve, le cavalier doit tenir huit secondes sur un cheval sauvage déchaîné.

Le rodéo

Chaque année, plus de trois mille rodéos sont organisés aux États-Unis, attirant des spectateurs du monde entier. Ce sport comporte plusieurs épreuves, comme capturer un taureau en moins de huit secondes et attraper un veau au lasso.

Le polo

Il se pratiquait déjà en Perse plusieurs siècles avant notre ère. Introduit en Inde, il a été répandu en Europe par les Anglais à la fin du XIXe siècle. Les cavaliers frappent une balle en bois avec un maillet. Le cheval doit être rapide au démarrage et avoir un excellent équilibre. Pour le protéger, on lui bande les chevilles. Parfois, on lui ajoute des ronds de cuir sur les sabots. La meilleure monture au polo est un poney argentin : le criollo.

La corrida

En Espagne, les corridas sont très populaires. C'est une ancienne tradition. Dès le IXe siècle, les chevaliers espagnols affrontaient les taureaux dans un espace clos. Lors des corridas à cheval, qui sont aujourd'hui plus rares, le toréro affronte l'animal à cheval. Sa monture n'est pas protégée comme l'est celle du picador.

Le horse-ball

Les cavaliers doivent attraper par des lanières un ballon qu'ils jettent ensuite dans le filet de l'équipe adverse. Ce sont de véritables acrobates, qui peuvent se pencher jusqu'à terre et se redresser parce que les étriers sont reliés par une sangle passée sous le cheval.

La chasse à courre

Une meute de chiens mène un équipage de cavaliers sur la piste du gibier. Les chevaux doivent être résistants et avoir le pied sûr, car la course à travers la campagne est souvent parsemée d'embûches : haies, fossés...

LES COURSES

Dès l'Antiquité, les courses de chars et de chevaux montés passionnaient les foules. La première véritable course a été créée par Richard Cœur de Lion, roi d'Angleterre, au XIIe siècle. Aujourd'hui, il y a des courses d'endurance où le cheval montre sa résistance sur des dizaines de kilomètres, des courses de galop, avec ou sans obstacles et des courses de trot. Le pur-sang est la vedette des courses de plat. Le cheval est monté par un jockey qui porte les couleurs de son écurie. À la fin du XIXe siècle, les paris se sont développés. Le tiercé est né en 1953.

Le trot monté

Cette course est peu pratiquée mais permet de repérer les bons trotteurs. Le cheval porte un jockey qui se tient assez droit sur une selle légère et plate.

Il existe trois courses d'obstacles : la course de haies toutes identiques, le steeple-chase et le cross. Le vainqueur est celui qui fait un parcours dans le meilleur temps.

Le steeple-chase se court sur 3 000 m, avec un minimum de huit obstacles de types différents (haies très hautes, trous barrés, barrières...)

Les courses de plat

Elles sont les plus prisées et sont réservées aux meilleurs pur-sang. Elles se courent sur des distances de 800 m jusqu'à 4 000 m, plus souvent sur 2 400 m. Les chevaux peuvent atteindre de très grandes vitesses, parfois 1 km par minute, sur de courtes distances.

Les courses de trot sont très populaires en France et aux États-Unis. La difficulté est de faire courir le cheval au trot de course le plus vite sans qu'il change d'allure. S'il galope, il est éliminé. Le trot de course n'est pas naturel mais résulte du dressage. Certaines races ont des qualités innées de trotteur.

Le trot attelé

Le cheval est attelé à une voiture légère à deux roues appelée sulky. Le conducteur, ou driver, assis et les pieds calés de chaque côté de la croupe, dirige son cheval à l'aide de longues guides.

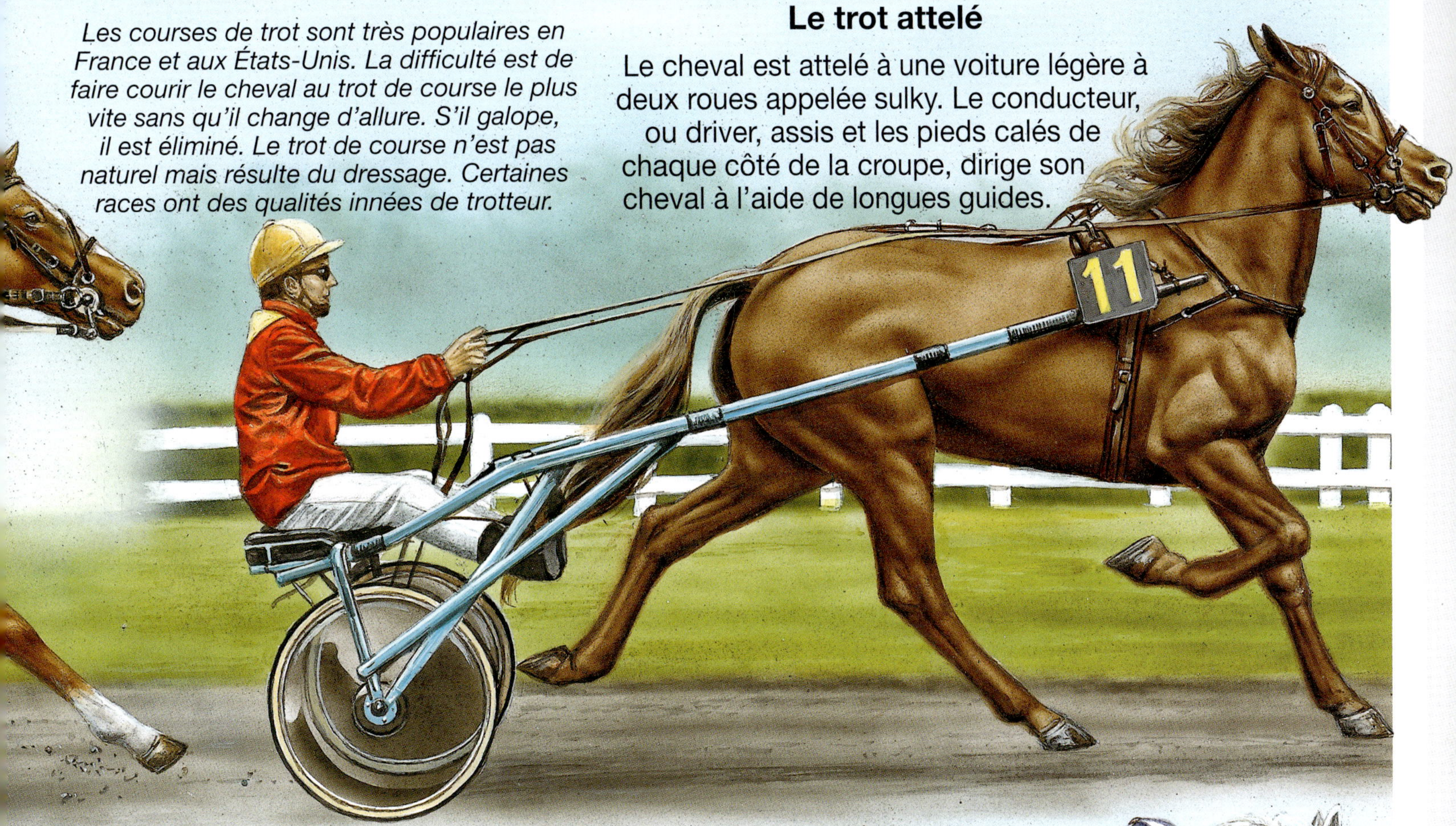

Le cross

C'est une course d'obstacles de longue distance. Le cheval et son cavalier doivent franchir, dans un parcours d'extérieur, des obstacles le plus souvent naturels : rivières, talus en contre-haut et contrebas.

Un galopeur de plat ne court que de 2 à 6 ans et donne les meilleurs résultats entre 3 et 4 ans. Un cheval qui a gagné plusieurs courses s'appelle un crack.

SPECTACLES ÉQUESTRES

Dans l'Antiquité, les courses de chars attiraient les foules dans les grands cirques de Rome et de Byzance. Puis, au Moyen Âge, les tournois eurent un grand succès. Vers la fin du XVIIIe siècle, les premiers cirques modernes sont apparus. On y montrait de superbes numéros de chevaux dressés. Aux États-Unis, Buffalo Bill, grâce à son cirque ambulant, devint célèbre, ainsi que sa troupe de cavaliers sioux et de cow-boys. Dans les westerns, les chevaux jouent un rôle primordial. Ils sont entraînés à jouer des scènes étonnantes.

Les tournois

Pendant les tournois, la joute était un combat singulier entre deux cavaliers. Les chevaux étaient recouverts d'un vêtement, le caparaçon, et d'un chanfrein qui protégeait leur tête. À la fin du Moyen Âge, ces violents spectacles furent remplacés par des carrousels, exercices de parade et d'adresse.

Les courses de chars

À Rome, quatre équipes s'affrontaient dans les très populaires courses de chars, qui étaient l'enjeu d'importants paris. Chaque conducteur de char devait sans cesse équilibrer son véhicule léger. En se penchant, surtout dans les virages, il évitait ainsi de se retourner. Sous les clameurs de la foule, le vainqueur passait devant la tribune des juges. Considéré comme un héros et traité comme tel, il était récompensé par une couronne et une bourse de pièces d'or.

Si le char se renversait, le conducteur était traîné à terre et piétiné.

Le cirque

À ses débuts, le cirque était surtout un spectacle équestre. Les premières vedettes étaient des écuyers voltigeurs et des ballerines à cheval. Ils exécutaient des pirouettes et des sauts périlleux. Aujourd'hui, on trouve aussi des exercices de dressage. Certaines troupes équestres présentent de superbes pyramides.

Que ce soit pour un numéro de clown, de voltige ou une présentation de prouesses techniques, le dressage du cheval de cirque est un travail de longue haleine. Mais le cheval a une très bonne mémoire et peut effectuer plusieurs années après un numéro qu'il avait exécuté autrefois.

LES CHIENS

Texte
Émilie BEAUMONT

Images
MIA - Lorenzo ORLANDI

CHIENS DE CHASSE

Les chiens sont par nature des chasseurs. Certains chassent à la vue, comme le lévrier, et d'autres chassent au flair. Depuis des milliers d'années que les chiens sont apprivoisés, les élevages ont développé des races adaptées aux types de chasse (chasse au petit ou au gros gibier, chasse au bois ou en plaine...). On distingue les chiens d'arrêt et les chiens courants. Le chien courant, comme son nom l'indique, court après le gibier. On l'emploie en meute pour la chasse à courre. Le chien d'arrêt débusque le gibier et le rapporte à son maître quand celui-ci l'a touché.

Le pointer

À l'arrêt

Quand il a décelé la présence d'un animal, le chien s'arrête. Il se concentre. Attiré par l'odeur, il pointe son museau, mais il attend son maître, le corps tendu, une patte levée.

Une meute de grands ***anglo-français tricolores*** *lancée dans une harassante poursuite.*

La chasse à courre

Ce sport, beaucoup pratiqué autrefois dans la haute société, compte encore de nombreux adeptes. Un équipage de cavaliers chasse à l'aide d'une meute de chiens. Ceux-ci doivent avoir un bon flair pour trouver un animal et suivre sa piste, être résistants et ne pas abandonner la poursuite malgré la fatigue, posséder une bonne gorge, c'est-à-dire une puissante voix qui s'entende de très loin. Ces chiens impressionnants sont des timides, soumis à l'homme.

Le braque de Weimar

Le setter irlandais

Cherche !

Le chien renifle les herbes et hume l'air avec joie jusqu'à ce qu'il ait repéré l'odeur d'une bête. Alors il suit la trace et ne la quitte plus avant d'avoir trouvé l'animal.

Couché !

Quand, sur l'ordre du maître, les chiens se couchent sur le ventre comme s'ils s'affaissaient, ils se mettent à sa disposition. Certains chiens se couchent d'instinct lorsqu'ils ont trouvé du gibier.

Son instinct pousse ***le labrador*** *à tout rapporter, notamment ce qui se trouve dans l'eau.*

Savoir rapporter

Le chien retrouve le gibier tiré et le rapporte fièrement en le tenant délicatement dans sa gueule pour ne pas l'abîmer. Il ne le mange pas, car il chasse pour son maître, et non pour lui.

La chasse à tir ou au fusil

Le chien est le compagnon indispensable du chasseur solitaire. Il sent les odeurs imperceptibles laissées par le gibier et, quand il l'a repéré, il se fige et le fixe. La bête, effrayée, reste immobile. Une fois que son maître s'est approché, le chien fait quelques pas, le gibier s'enfuit ou s'envole, et le chasseur n'a plus qu'à bien viser !

L'épagneul breton *est un petit chien de chasse courageux. Excellent chien d'arrêt et rapporteur de gibier, il a un odorat très sensible.*

LES LÉVRIERS

Leur origine, très ancienne, remonte à 5 000 ans avant J.-C. Une peinture de cette époque découverte au Moyen-Orient figure un chasseur accompagné d'un chien au corps fin et allongé. Les lévriers persans forment certainement la première race canine. D'allure souple et noble, ces chiens appartenaient aux familles fortunées et étaient utilisés pour la chasse, car leurs longues pattes, leur corps svelte et leur vue perçante en font d'excellents chasseurs. Ces chiens réclament beaucoup d'exercice, mais ils ne sont pas faciles à promener, car ils s'attaquent aux autres chiens.

Le barzoï ou lévrier russe

En Russie, on employait autrefois le lévrier persan pour la chasse au loup. Comme il ne supportait pas le froid, on a créé une nouvelle race, plus résistante, en croisant un lévrier et un chien de berger russe au pelage épais. Le lévrier russe issu de ce croisement existe depuis trois cents ans.

Le greyhound

Au Moyen Âge, il était le favori de l'aristocratie britannique. Chien de guerre, de chasse, de course, de compagnie, le greyhound est un compagnon gentil, fidèle et doux avec les enfants.

*Comme ses cousins, **le greyhound** a besoin de beaucoup courir.*

__Le lévrier anglais__ à poil ras est sans doute le descendant le plus pur des chiens de pharaon représentés sur les peintures égyptiennes.

Prêt pour la compétition

Ce chien a la morphologie d'un athlète : des muscles puissants, des tendons d'acier. Il est très résistant. En revanche, son alimentation doit être préparée avec attention, car il a une digestion difficile. En l'élevant en groupe, on entretient son esprit de compétition. S'il semble courir pour le plaisir, c'est aussi pour gagner !

Le saluki ou lévrier persan

Originaire du Moyen-Orient, il était très apprécié des nomades du désert parce qu'il supporte très bien la chaleur, suit sans peine les caravanes de chameaux et chasse remarquablement la gazelle. Dans nos pays d'Occident, c'est un animal de compagnie qui a besoin de courir tous les jours et qui a gardé ses instincts de chasseur.

Le lévrier afghan

Cousin très proche du lévrier persan, il aurait développé un long poil pour mieux supporter le climat rigoureux de l'Afghanistan. Il y chassait le léopard, le loup et le chacal. Aujourd'hui chien de garde et porteur de marchandises, il est considéré comme un chien de luxe en Occident.

Les soins d'un prince

L'élégant lévrier afghan est affectueux, même s'il est parfois distant. Son pelage fourni doit être brossé tous les jours.

Des pieds de grande valeur

Le moindre défaut, la plus petite blessure au pied portent préjudice à la qualité de la course du lévrier. C'est pourquoi on surveille minutieusement les pattes de ces champions. On les entraîne sur des sols durs pour préparer leurs coussinets à la course, et on taille leurs ongles à la bonne longueur : ni trop courts ni trop longs !

LES TERRIERS

À l'origine, les terriers étaient des chiens de chasse appartenant à des paysans. Ils étaient dressés pour attraper les animaux nuisibles, comme les renards et les blaireaux, qu'ils poursuivaient jusqu'au fond de leur terrier. Tous ces chiens sont aptes à ce type de chasse, mais les meilleurs sont le fox-terrier et le teckel. Aujourd'hui, les terriers sont devenus des chiens de salon, mais ils n'ont pas perdu leur instinct de chasseurs. Dès qu'ils se retrouvent à la campagne et qu'ils sentent l'odeur d'un lapin ou d'un renard, ils se précipitent à sa recherche et reviennent souvent couverts de terre et méconnaissables !

Dans son pays d'origine, l'Allemagne, **le teckel** est encore employé à déloger les blaireaux et les renards de leur terrier. Son flair très fin en fait également un excellent chien de quête au bois ou chien de meute, qui sait très bien débusquer le gibier.

Bien qu'affectueux et joueurs, **les fox** ont de gros défauts. Ils s'attaquent aux autres chiens et sont fugueurs. Ils s'enfuient sous vos yeux et vos appels restent sans effet. Ils rentreront quand ils le voudront !

*Les chiots **fox** à poil dur sont de vraies peluches. Ce n'est qu'à la première tonte qu'ils ressemblent à leur mère.*

La race du **bull terrier** a été mise au point au XIXe siècle pour les combats contre les taureaux. Bas sur des pattes musclées, ce puissant chien doit être bien dressé. Il est fidèle et dévoué à son maître et la chienne a un comportement très sûr avec les enfants.

On appelle aussi scottie **le terrier écossais**, originaire d'Écosse. Autrefois spécialisé pour attraper blaireaux et belettes au fond de leur terrier, aujourd'hui il joue à la balle ! Peu accueillant envers les intrus, il ne réserve son affection qu'à une ou deux personnes.

*La race de **l'airedale** avait été créée pour la chasse à la loutre. C'est un chien qui aime beaucoup l'eau.*

Malgré sa petite taille, **le west highland white terrier** n'est pas un chien de salon ! Il a gardé son instinct de chasseur et se montre courageux, dynamique et résistant.

***Le westie** est très populaire, car il a un petit air malin. Il est gentil avec les enfants et aime jouer. De plus, il est facile à dresser.*

L'airedale est le roi des terriers ! Il est le plus grand de la race. Loyal, intelligent et facile à vivre, on lui a confié toutes sortes de tâches : chien de garde, chien de police, chien de sauvetage.

CHIENS DE BERGER

Le chien a un instinct de gardien, que l'homme emploie depuis des milliers d'années. Seul ou avec le berger, il garde les troupeaux de vaches, de porcs, de chèvres ou de moutons. Il faut l'éduquer afin de perfectionner son travail, mais, chez certaines races, « le métier » est inné. Il suffit de mettre les jeunes en présence des vieux chiens pour obtenir d'excellents bergers. On améliore les races en fonction de la topographie : le berger de montagne éloigne les bêtes du ravin et le berger de plaine rapproche les bêtes qui se dispersent. C'est pourquoi les chiens de berger portent souvent le nom d'une région ou d'un pays.

Le robuste **colley** ou **berger d'Écosse** ne garde plus les troupeaux, mais il a conservé son intelligence et son excellente vue de gardien. Il aime les enfants et les surveille avec beaucoup d'attention.

Le border-collie est très obéissant. Il réagit immédiatement aux ordres de son maître, qui se contente de faire un geste ou de siffler. Le border-collie, qui a besoin d'énormément d'exercice, est un excellent gardien, mais pas un chien d'appartement !

*On dit du **border-collie** qu'il a l'œil. Il a un grand pouvoir sur les bêtes rien qu'en les regardant. Il les hypnotise sans les immobiliser, en les fixant. Il obtient ainsi ce qu'il veut, sans aboiements ni agressivité.*

Le briard est le berger français par excellence. Ses longs poils tombant sur ses yeux ne l'empêchent pas de voir. Rien n'échappe à sa surveillance ! C'est un chien affectueux avec ses maîtres.

Le kelpie ou **berger australien** doit surveiller de très vastes troupeaux. C'est pourquoi le berger lui apprend à marcher sur le dos des moutons pour rejoindre plus vite les animaux en tête !

Le puli est un berger originaire des grandes plaines de Hongrie, en Europe centrale. Il apprécie d'être en plein air et a besoin de beaucoup d'exercice. Son poil bouclé ressemble à de la corde.

Rassembler et défendre

Il y a deux types de chiens de berger. L'un rassemble, conduit et même trie les moutons ; l'autre défend les troupeaux contre les bêtes sauvages. Il ne s'attaque pas au prédateur, qui serait vainqueur, mais reste à sa place sans s'effrayer. Le prédateur, déconcerté, préfère garder ses distances !

LES CHIENS DE TRAÎNEAU

Chiens du Grand Nord, ils ont été pendant longtemps indispensables à la survie des hommes dans des régions où le climat est extrêmement rigoureux. Grâce à leur exceptionnelle résistance physique, ils tiraient les traîneaux lourdement chargés lors des déplacements et des chasses. Et sans eux, les explorations polaires auraient été impossibles. Maintenant que les véhicules à moteur les ont remplacés, ils tirent des attelages de course ou de randonnée et restent le plus sûr moyen de parcourir des terrains couverts d'énormes blocs de glace.

La constitution d'un attelage

Il existe deux façons d'atteler les chiens : en éventail, à la manière des Esquimaux, où tous les chiens sont attachés au traîneau ; en tandem, où les chiens sont fixés à un lien central lui-même fixé au traîneau. Afin que le traîneau avance bien, on place à l'avant le chien de tête. Il donne l'allure à tout l'attelage parce qu'il est volontaire, puissant et autoritaire. En général, les autres chiens l'ont reconnu comme leur chef parce qu'il est le meilleur. Ils le laissent manger en premier quand on les nourrit après le travail. Les chiens de traîneau ont un solide appétit, car ils doivent reprendre beaucoup de forces après leurs efforts.

Le husky est un excellent chien de compagnie si on lui fait faire suffisamment d'exercice.

Le malamute d'Alaska est un chien d'Esquimaux, doux et affectueux avec les hommes, mais querelleur avec les autres chiens à qui il veut imposer sa domination. Il n'est pas très rapide, mais résistant. Il couvre de longues distances en portant de lourdes charges.

Quand les yeux ne sont pas de la même couleur, on dit qu'ils sont vairons.

Le husky de Sibérie fut d'abord un chien de trait en Asie. Les Anglais en firent un chien de traîneau lors de l'exploration des pôles. Il est le plus rapide des chiens de ce type. Peu bagarreur et réceptif aux ordres, il fait un excellent chien de tête.

Le samoyède était gardien de troupeaux et chien de chasse en Sibérie avant de devenir chien de traîneau. Malgré son aspect farouche, il est dévoué et doux avec les enfants qu'il garde hardiment.

Supporter la rigueur du climat

Quand ils se reposent, les chiens de traîneau se couchent en boule, le museau sur les pattes avant et la queue sur la truffe. Ils se laissent couvrir par la neige, supportent des températures inférieures à -50 °C et semblent ignorer le blizzard, qui souffle à plus de 150 km/h. Si le sol est hérissé d'épines de glace, on protège leurs pattes avec de petites bottes de cuir ou de laine.

AU SERVICE DE L'HOMME

On ne sait pas à quelle époque a eu lieu la rencontre de l'homme et du chien. Toujours est-il que l'homme a certainement très vite compris l'utilité d'un tel compagnon et a mis à profit sa force et son intelligence afin de prolonger ses propres capacités. Il a fait de lui un chasseur, un berger, un défenseur... Les sens du chien sont beaucoup plus performants que ceux de l'homme, notamment son flair. Auxiliaire dévoué de l'homme depuis si longtemps, le chien ne demande qu'à lui obéir. Ainsi, on élève des chiens pour accomplir des tâches bien spécifiques.

Le chien guide d'aveugle

Il est éduqué dans un centre de dressage avec un spécialiste. L'amitié qui le lie ensuite à la personne aveugle s'appuie sur une totale et mutuelle confiance. Quand il porte son harnais, il est son guide. Il le dirige, lui indique les obstacles, lui fait traverser les rues et le fait s'arrêter.

Le chien de sauvetage en montagne

Sur les lieux d'une avalanche, lorsqu'il sent la présence d'une vie humaine, le chien la signale par un aboiement joyeux. Il indique ainsi aux hommes l'accès le plus court à la personne ensevelie. Le chien sauve des vies grâce à son flair, à sa force et à sa persévérance.

Le chien de sauvetage en mer

Dès l'âge de quatre mois, on lui apprend à nager et à rapporter des objets. Le terre-neuve est le meilleur chien de sauvetage en mer, car il aime l'eau. Puissant et courageux, il intervient même en pleine tempête. Il sait ramener une personne inconsciente en la tirant par le bras.

Le chien de handicapé

Des chiens sont éduqués dans le but de faciliter la vie quotidienne de personnes handicapées. Les uns savent décrocher le téléphone quand il sonne et l'apporter à leur maître, d'autres porter le cartable d'école d'un jeune enfant qui se déplace en fauteuil roulant.

Le chien de policier

Depuis le début du XXᵉ siècle, les services de police utilisent des chiens pour retrouver des pistes de suspects, de la drogue et des explosifs.

Le berger allemand répond avec excellence aux critères d'intelligence, de vigueur, de sérieux et de bonne santé du chien policier.

Le travail comme un jeu

Quelle que soit son activité, le chien considère son travail comme un jeu. Son maître lui a d'abord appris l'obéissance. Ensuite, il l'éduque à retrouver des objets précis et chaque succès est récompensé par un jouet ou une caresse.

Le dressage du chien de sécurité

Le chien auxiliaire des services de sécurité est avant tout un chien d'attaque. Dès son plus jeune âge, il a appris avec son maître à poursuivre, attaquer et immobiliser un fuyard. Il lui reste fidèle et, quand sa carrière est achevée, il passe sa retraite auprès de lui.

Lors du dressage, le maître porte une combinaison rembourrée qui le protège des morsures du chien.

LES CHIENS DE COMPAGNIE

Avant, les hommes sélectionnaient leur chien en fonction du travail à faire : monter la garde, surveiller les troupeaux, traîner des charges, chasser... De nos jours, on choisit un chien pour son physique, son caractère et le bonheur qu'il peut apporter. Avant de faire l'acquisition d'un chien, il faut réfléchir à la place et au temps qu'on peut lui accorder. Le chien n'est pas un jouet qu'on abandonne, il réclame de l'attention, de l'affection et des soins. Il ne faut pas oublier que certains ont besoin d'espace, que d'autres doivent être brossés tous les jours...

Le cocker est un chien de chasse, spécialiste du gibier à plumes. C'est aussi un chien de compagnie agréable, dont il faut soigner attentivement le poil et les grandes oreilles.

Le basset hound est un chien courant devenu chien de compagnie, mais qui a besoin de beaucoup d'exercice. De plus, il a une fâcheuse tendance à vagabonder.

Autrefois, on voyait **le dalmatien** accompagner les attelages des grandes familles. Amical et affectueux, cet élégant chien doit beaucoup se dépenser.

Qu'il soit grand, nain ou miniature, **le caniche** a le même poil, qu'il faut bien brosser et tailler régulièrement. Ce chien gai est un bon nageur qui a besoin de faire de l'exercice.

Chien de compagnie depuis très longtemps, **le bichon maltais** est gai et robuste. Il aime le calme et les coussins. Son poil blanc et soyeux réclame un soin quotidien.

Le yorkshire est un petit chien à forte personnalité. Il sait se faire entendre ! Mais il est aussi sensible et débordant d'affection. Il aime les caresses et les câlins. Il est malheureux si on le brutalise. Si on veut le présenter à un concours, on laisse pousser ses longs poils gris et blonds, que l'on brosse tous les jours. Sinon, on les lui taille régulièrement.

Autrefois élevé pour les combats, **le bulldog** est devenu un animal d'intérieur. En même temps que son agressivité, il a perdu sa résistance. Finies les grandes promenades !

LES CHIOTS

La chienne est féconde deux fois par an et peut porter des petits de pères différents. La gestation, pendant laquelle la chienne est douce et affectueuse, dure deux mois environ. On lui prépare une confortable caisse dans un endroit calme et sans courants d'air, où elle se sentira comme dans un nid, à son aise pour mettre bas. Cette caisse doit être facile d'accès et avoir des bords assez hauts. Les mises bas se déroulent généralement sans problème. On surveille cependant plus attentivement celles des petites chiennes. Les portées comptent de deux à dix petits selon la race et la taille des chiots.

La mise bas

Les naissances ont souvent lieu la nuit. Au fur et à mesure de leur arrivée, la chienne lèche vigoureusement les petits pour les aider à respirer et pour les nettoyer. Ensuite, le lait de la première tétée les protège des microbes.

L'heure du biberon

Contrairement à d'autres animaux, les chiots boivent à n'importe quelle tétine. En malaxant le corps de leur mère avec leurs pattes, ils stimulent la venue du lait, qu'ils dégustent pendant sept semaines environ.

Un poids plume

Un chiot nouveau-né est complètement dépendant de sa mère. Il est sourd, aveugle et ne pèse pas un kilo ! Il dort presque toute la journée et ne s'éveille que pour téter. Après chaque repas, toutes les quatre heures, sa mère le retourne sur le dos et le nettoie.

Une croissance rapide

Au bout de quinze jours, le chiot voit et entend. Il travaille son aboiement et son équilibre. À l'âge d'un mois, il marche et sort de la caisse. C'est à cette époque, alors que ses dents apparaissent, qu'il s'intéresse à la gamelle de sa mère tout en continuant à boire son lait au dessert !

Les chiots, comme les chiens de petite taille, doivent être portés avec précaution. Une main prend les épaules, l'autre soutient l'arrière-train. Il ne faut pas les soulever par les pattes avant.

Jeux de société

La période de socialisation commence vers un mois. Elle est très importante. C'est là que le chiot apprend la vie en société. Il dort moins, joue avec ses frères et sœurs. À deux mois, il a appris à se détacher de sa mère. C'est le meilleur âge pour découvrir son maître, qui se charge de son éducation. Le chiot le considère peu à peu comme un chef de meute. Il lui donne sa confiance et est prêt à lui obéir.

L'ÉDUCATION

Un chien doit être éduqué dès son plus jeune âge. Cette entreprise réclame de la patience et de la fermeté. Il s'agit pour le maître de s'imposer sans agressivité, en basant son éducation de préférence sur la récompense, et non sur la punition. Le chien présente d'excellentes capacités d'apprentissage et admet volontiers la domination de l'homme. Cette docilité peut d'ailleurs faire de lui une arme. Les premières règles sont l'obéissance et la propreté. Il est recommandé de lui attribuer un nom court et de ne pas en changer. Les ordres aussi doivent être courts, donnés avec les gestes et les expressions qui y correspondent.

Apprendre à être propre

L'apprentissage de la propreté est indispensable. Au réveil et après les repas, on sort le chiot ou on le place sur un journal. On le récompense quand il fait ses besoins dessus. On le gronde si on le surprend en train de faire ailleurs.

En laisse

Le chiot ne trouve pas du tout amusant qu'on lui attache un collier au cou ! Mais il est indispensable qu'il s'y habitue. Ensuite, il faut lui apprendre à marcher en laisse sans tirer dessus, et à avancer à l'allure de son maître.

Assis !

Tout en donnant cet ordre, on appuie sur l'arrière-train du chiot pour qu'il s'assoie. Une fois assis, on le félicite, même s'il ne reste pas longtemps dans cette position. Ça viendra !

Un jouet rien qu'à lui

Pour éviter qu'il joue avec n'importe quoi, on donne au chiot un jouet à mordiller. Si on le surprend avec un objet interdit, il faut le corriger fermement. Mais la punition doit être infligée uniquement au moment où il fait la bêtise. Sinon, il ne comprend pas.

Manger gentiment

Le chiot est un glouton et n'aimerait pas qu'on lui enlève sa nourriture. Afin qu'il ne prenne pas l'habitude de protéger son repas en montrant les dents, il faut l'accoutumer, dès le début de son éducation, à être dérangé pendant qu'il mange.

Aux pieds !

On rappelle le chiot toujours par le même ordre. Il ne faut pas le punir s'il obéit trop tard. Il pourrait croire qu'il est puni parce qu'il est revenu !

Couché !

En même temps que l'on prononce l'ordre, on maintient le chien allongé sur le ventre, pattes arrière pliées, pattes avant étendues, dans la position du sphinx.

Récompenser ou punir

L'éducation par la récompense se révèle plus longue, mais plus durable que le dressage par la punition. On félicite immédiatement le chien qui obéit par une caresse ou une friandise.

LES ATTITUDES

Le chien est un animal social qui vit en meute ou dans une famille humaine et communique avec ses congénères et les hommes. On dit souvent qu'il ne lui manque que la parole ! Mais il n'en a pas besoin. Pour se faire comprendre, il aboie et utilise un langage muet fait de mimiques. L'expression de son visage, le mouvement de ses oreilles et de sa queue ou la position de son corps expriment son état. Les messages sont généralement clairs, mais il arrive que des nuances mal perçues aient de graves conséquences. Un bâillement, par exemple, peut être un signe non pas de fatigue mais d'incompréhension.

Le chien marque son territoire

Le chien dégage des hormones odoriférantes appelées phéromones, qu'il laisse aussi dans son urine. Pour marquer son territoire, il envoie un jet d'urine. En le flairant, les autres chiens recueillent des informations sur son âge, son sexe et sa position hiérarchique.

La soumission

Face à son maître ou à un chien qui s'avance oreilles et queue dressées en signe de domination, un chien plus faible détourne le regard, se couche et offre son flanc. Il se place en posture de totale soumission.

La peur devant le plus fort

Quand il a fait une bêtise et que son maître le corrige, le chien a la queue entre les jambes et l'arrière-train baissé. Il marche lentement, jusqu'à ramper, oreilles aplaties. Le chien montre sa soumission.

L'identité odorante

Quand deux chiens se croisent, ils se tournent autour puis reniflent les parties du corps où les glandes sécrètent les phéromones, notamment entre les cuisses. Il ne s'agit pas exclusivement d'intérêt sexuel, mais d'une façon de mieux connaître l'autre.

Prêt à mordre

Un chien prêt à mordre a le corps tendu, le poil de son dos hérissé, les oreilles en arrière. Il grogne, aboie et montre les dents. Il est prêt à attaquer pour défendre sa position hiérarchique, ses petits, son territoire ou sa nourriture.

L'aboiement est un avertissement, pas une agression, et les nuances indiquent l'appel au jeu, le danger ou le bonjour. Le chien gémit d'impatience ou de malaise. S'il grogne, il menace.

Le hurlement, qui sert à réunir la meute dans la vie sauvage, n'a plus d'utilité pour le chien domestique. Quand il hurle, soit il fait des vocalises, soit il « hurle à la mort » parce qu'il se sent seul.

L'invitation au jeu

Pour inciter un chien plus petit à jouer avec lui, un chien plus grand s'allonge sur le dos, montrant ainsi ses bonnes intentions. Si le petit ne bouge pas, le grand tente de se faire remarquer en faisant des bonds. Quand il veut jouer avec son maître, le chien lui apporte sa balle, un bout de bois ou tout autre objet et s'incline devant lui. Ses pattes avant sont pliées et son arrière-train dressé. Il remue vivement la queue et aboie joyeusement.

L'ENTRETIEN

Quand on a fait l'acquisition d'un chien trouvé, il faut l'emmener chez le vétérinaire, qui fait un bilan de santé et donne des conseils sur la nourriture à lui donner. Si on achète un chien dans un magasin spécialisé ou un élevage, on s'assure que son carnet de santé est en règle. Un chiot doit être éveillé et curieux, c'est un signe de bonne santé. Les vaccins doivent être faits avant de le baigner ou de le promener dans la nature. L'éleveur indique la nourriture habituelle du chien, qu'il faut éviter de changer. Les changements provoquent souvent des dérangements intestinaux, mais qui sont sans gravité.

Les soins indispensables

Les vaccins sont essentiels, surtout celui contre la rage. Le calendrier des rappels est à respecter impérativement. Il faut traiter régulièrement le chien contre les parasites qui risquent de l'affaiblir. Le vétérinaire tatoue dans son oreille un numéro d'identité.

Un yorkshire *en papillotes d'aluminium pour une mise en plis. Le toilettage est indispensable avant les concours de beauté.*

Le bain

On peut baigner le chien vers quatre mois, quand les vaccins ont été faits. Il est préférable de le brosser avant pour enlever les nœuds. On le mouille avec de l'eau tiède. On le frotte avec un shampooing adapté à sa peau en commençant par l'arrière, en remontant vers la tête et en évitant les yeux et les oreilles. Puis on le rince bien.

Le soin des dents

Le tartre qui se dépose sur les dents du chien les déchausse. Il faut donc les lui brosser régulièrement. C'est une opération délicate, car le chien n'aime pas ça ! Pour faciliter les choses, on emploie un dentifrice au goût de viande ou, une fois par an, on confie le détartrage au vétérinaire, qui endort le chien pour ne pas être dérangé.

Le soin des oreilles

Il est nécessaire de nettoyer de temps en temps les oreilles de son chien avec un chiffon fin. S'il se gratte souvent les oreilles, c'est qu'il est peut-être gêné par une otite ou un corps étranger. La visite chez le vétérinaire s'impose ! S'il a une otite, on met des gouttes dans ses oreilles en maintenant bien sa tête.

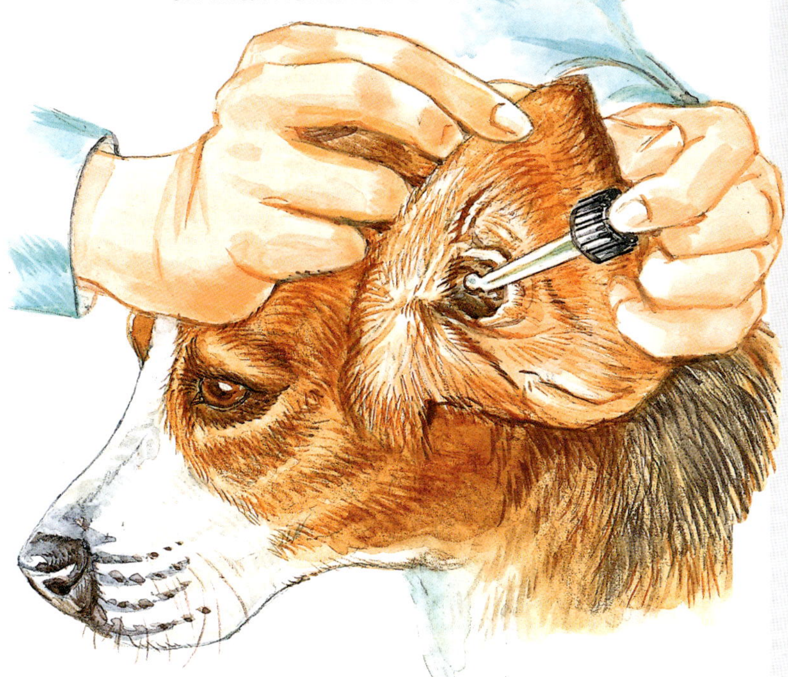

Le séchage

Une fois qu'il s'est secoué, on sèche le chien avec une serviette et, s'il le supporte, avec un sèche-cheveux à basse température pour aérer son poil.

Le brossage

Le brossage du chien est important pour son aspect, mais aussi pour sa santé, car il le débarrasse des parasites. Les chiens à poil épais réclament un brossage plus fréquent que les chiens à poil ras. Le brossage quotidien des chiens à poil long prend beaucoup de temps. On utilise une brosse, et une étrille pour les poils durs.

LES CHATS

Texte
Émilie BEAUMONT
Agnès VANDEWIELE

Images
Betti FERRERO

LE CHAT

Le chat est un mammifère qui appartient à la famille des félins, comme le lion. C'est un carnivore : il a des mâchoires et des crocs conçus pour manger de la viande. Son corps, couvert de fourrure, est robuste et souple. Comme chez tous les mammifères, les petits se développent dans le ventre de la mère et la chatte a des mamelles pour les allaiter. Le chat possède une vue et une ouïe très développées. Ses pattes et ses moustaches sont très sensibles au toucher. Des glandes situées près de son cou, autour de son museau et le long de sa queue sécrètent une substance odorante. Quand il se frotte contre les objets, il y dépose ainsi son odeur.

LES POILS

Sa fourrure, appelée robe, le protège du froid, mais aussi des épines, des piqûres d'insectes et des morsures des autres animaux. Elle est épaisse en hiver et moins fournie en été. Selon la race, le chat peut avoir des poils longs ou courts, lisses ou frisés, et de couleurs variées.

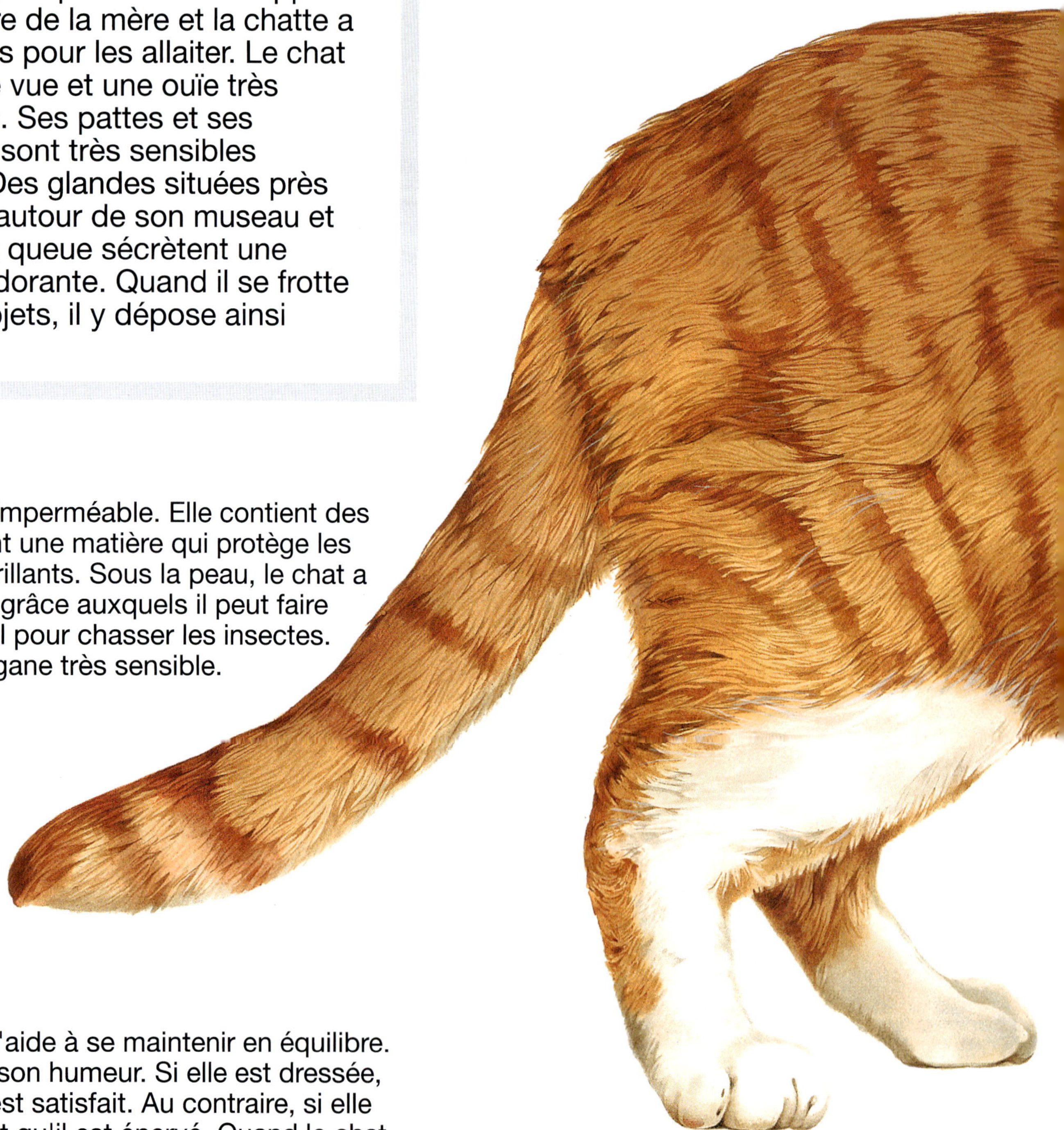

LA PEAU

Elle est souple et imperméable. Elle contient des glandes produisant une matière qui protège les poils et les rend brillants. Sous la peau, le chat a de petits muscles grâce auxquels il peut faire “trembler” son poil pour chasser les insectes. Sa peau est un organe très sensible.

LA QUEUE

Sa longue queue l'aide à se maintenir en équilibre. Elle indique aussi son humeur. Si elle est dressée, c'est que le chat est satisfait. Au contraire, si elle fouette le sol, c'est qu'il est énervé. Quand le chat grossit sa queue, il est en colère.

LES OREILLES

Ses oreilles peuvent bouger dans toutes les directions pour capter les bruits. Le chat a une ouïe très fine, il perçoit des sons plus aigus que ceux que nous pouvons entendre. Quand le chat a les oreilles dressées, c'est qu'il écoute et qu'il est attentif. Si ses oreilles sont rabattues, c'est qu'il se méfie ou s'apprête à bondir.

LES YEUX

La vue du chat est excellente. Sa pupille change de forme pour s'adapter aux variations de la lumière. Au soleil, elle se rétrécit pour devenir une petite fente. Dans la pénombre, elle se dilate et devient toute ronde pour recevoir le maximum de lumière. Mais, dans l'obscurité totale, le chat ne voit pas.

LES MOUSTACHES

Ce sont de longs poils très sensibles qui l'aident à se diriger, à éviter les obstacles et à se glisser dans les passages étroits. Si ses moustaches passent, le chat peut passer !

LES PATTES

Le chat a cinq doigts sur les pattes de devant et quatre sur les pattes de derrière. Ses doigts se terminent par des griffes très pointues. Sous ses pattes, il a des coussinets doux et souples qui lui permettent de marcher sans bruit. Quand le chat découvre un objet nouveau, c'est avec sa patte qu'il l'examine.

LE NEZ

Toujours humide, il peut varier du rose pâle au noir, selon les races. Les chats ont un bon odorat, mais moins sensible que celui du chien.

UN AS DE L'EQUILIBRE

Le chat est un animal agile et souple, doué d'un grand sens de l'équilibre. Son extraordinaire souplesse provient du grand nombre d'articulations de son squelette (il a plus d'os que le nôtre), de sa colonne vertébrale très mobile et de son système musculaire étonnant. Son corps peut se mouvoir dans tous les sens, grâce à plus de 500 muscles. Certains d'entre eux, très puissants, commandent ses pattes de derrière, son cou et ses épaules. Le chat court, bondit, grimpe, saute et retombe presque toujours sur ses pattes !

LES GRIFFES

Elles ne sont visibles que lorsque le chat les sort. Elles sont rétractiles. Quand il est au repos ou pour marcher, le chat les rentre sous un repli de peau, au-dessus de ses coussinets (1) ; il les sort en cas d'attaque ou pour escalader (2).
Les griffes du chat poussent pendant toute sa vie. Il les affûte sur un tronc d'arbre ou parfois sur le tapis de la maison !

UN GRAND EQUILIBRISTE

Tel un funambule, le chat peut marcher sur une clôture sans tomber ! Pour conserver son équilibre, il tend sa queue, qui lui sert alors de balancier. Ses moustaches sont aussi très précieuses, puisqu'elles le renseignent sur son environnement.

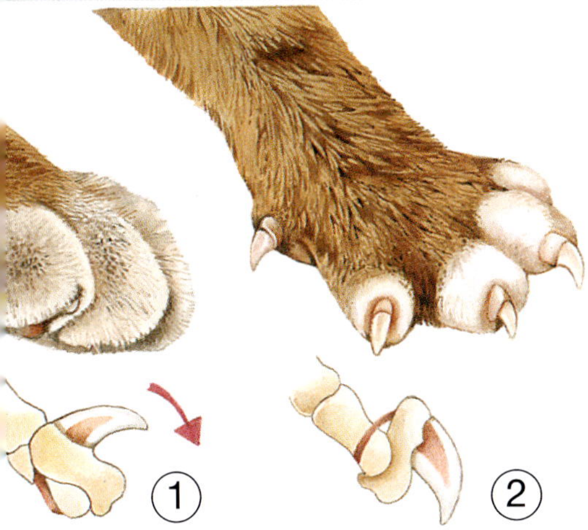

L'ART DE RETOMBER SUR SES PATTES !

Lorsqu'un chat fait une chute et qu'il tombe de haut à l'envers, il parvient le plus souvent à se retourner en l'air et à retomber sur ses pattes. Dès le début de la chute, il ouvre grands ses yeux et sort ses griffes pour agripper le sol quand il touchera terre (1). Pour essayer de se redresser, il tourne sa tête (2), puis tout le reste du corps (3), de façon que ses pattes de devant soient face au sol (4). Ainsi, le chat retombe sur ses pattes !

CHAMPION DE L'ESCALADE

Pour grimper à un arbre, le chat prend appui sur ses pattes de derrière afin de s'élancer. Puis, grâce à ses nombreux muscles, il sort ses griffes pour agripper le tronc. Parfois, le chat acrobate, lorsqu'il est arrivé au sommet de l'arbre, est pris de vertige. Si on ne vient pas l'aider, il peut alors attendre plusieurs heures en miaulant, le temps que l'angoisse se passe, avant de redescendre !

UN GRAND CHASSEUR

Comme tous les carnivores, le chat est un chasseur. Même lorsqu'il est domestique et qu'il n'a pas besoin de chasser pour se nourrir, il continue de poursuivre des proies vivantes.
Ses talents de chasseur sont dus à son grand champ de vision (plus grand que chez l'homme et le chien) et à son ouïe très fine. Il utilise peu son flair.
Les chatons apprennent très tôt les gestes de la chasse en imitant leur mère. Quand ils ont six semaines, la chatte leur apporte un oiseau ou un petit rongeur et leur apprend à le tuer. Puis elle leur montrera comment reconnaître les proies, s'embusquer et attaquer.

UN SAUT GEANT POUR ATTAQUER

Quand le chat est prêt à attaquer, il s'avance rapidement en fouettant l'air avec sa queue. Il rassemble ensuite ses quatre pattes pour sauter (1). Puis il fonce en gardant toujours deux pieds appuyés sur le sol, au cas où il devrait soudain battre en retraite (2). Le corps étiré et les pattes tendues, il bondit sur sa proie (3). Il se reçoit sur ses quatre pattes directement sur sa proie ou juste à côté (4). Sa queue, dirigée comme un gouvernail, lui permet de garder l'équilibre.

L'AFFUT

Tapi dans l'herbe, immobile et silencieux, le chat peut rester des heures entières à guetter une proie. Il la repère avec ses yeux et s'avance lentement, le corps aplati contre le sol. Comme les coussinets de ses pattes sont entourés de poils, il marche sans bruit et attaque sa proie par surprise. Le chat adopte cette attitude même avec un jouet.

LA CAPTURE, UN JEU

Le chat saisit la souris dans sa gueule et la maintient entre ses pattes. Souvent, avant de la tuer à coups de dents et de griffes, il s'amuse avec elle longtemps et lui donne des coups de patte de temps en temps pour voir si elle bouge encore. Quand la souris ne réagit plus, il se décide enfin à la manger. S'il n'est pas affamé, il la laisse simplement sans vie.

SES PROIES PREFEREES

Le chat aime chasser les souris, les petits rongeurs, les oiseaux, les lézards, les mouches et les papillons. Il adore aussi observer les poissons rouges. Parfois, il plonge la patte dans l'eau pour essayer d'en attraper un. Heureusement, il ne réussit pas souvent et finit par se lasser !

Tout ce qui bouge fascine le chat et excite sa curiosité.

COMPORTEMENT

Le chat dispose d'un langage varié pour s'exprimer : il miaule, feule, ronronne, grogne… Il peut produire soixante-trois sons différents pour montrer son contentement, sa colère ou sa peur. Le chat s'exprime aussi avec son corps. Quand il se sent en sécurité, il se roule sur le dos ou se blottit sur des genoux en ronronnant. S'il se croit menacé, ce sont principalement ses poils et sa queue qui témoignent de sa colère ou de sa crainte.
Le chat, qui a un grand sens de la propriété, détermine les limites de son territoire autour de sa maison en urinant contre les arbres et les murs. L'odeur dégagée indique aux autres chats qu'ils ne doivent pas y pénétrer.

1

LA GYMNASTIQUE DU REVEIL

Quand le chat se réveille, il bâille et s'étire longuement. Du sommet de la tête jusqu'au bout de la queue, toutes les articulations sont en mouvement ! Cette petite gymnastique rétablit sa circulation et ses réflexes. Le chat commence par s'étirer les pattes de devant (1).
Puis il cambre son dos (2), fait une pirouette et enfin étire ses pattes de derrière (3) l'une après l'autre. Une fois ces exercices achevés, le chat est en pleine forme !

UNE PELOTE POUR S'AMUSER !

Très joueur, le chat peut passer des heures à s'amuser avec une simple pelote de laine. Tel un chasseur, il bondit sur elle, l'agrippe avec ses pattes et finit par s'emmêler avec les fils ! Le chat, qui aime tout ce qui est doux et moelleux, suce parfois les brins de laine.

2

3

FAIRE LE GROS DOS POUR EFFRAYER

A l'approche d'un chien ou d'un chat qui se trouve sur son territoire, le chat fait le gros dos pour intimider son ennemi. Afin de paraître encore plus effrayant, il gonfle sa queue et hérisse ses poils pour avoir l'air plus gros. Il regarde l'étranger fixement, dilate ses pupilles, rabat ses oreilles, sort ses griffes et ouvre la gueule. Il lui arrive de grogner, de siffler ou même de cracher.

CHAT ET CHIEN

Le chat considère le chien comme un ennemi, sauf si celui-ci fait partie du foyer. En effet, chien et chat peuvent devenir les meilleurs amis du monde.
Le chien, d'un naturel protecteur, veillera sur “son” chat, lui léchera les oreilles en signe d'amitié, mais il pourchassera tous les autres chats inconnus.

EXPLORER LA MACHINE A LAVER

Très curieux, le chat peut se cacher dans les endroits les plus inattendus, comme la machine à laver. Bien abrité et au calme, il se trouve en sécurité pour faire un petit somme ! De la même façon, il adore faire des parties de cache-cache dans les cartons et se faufiler dans des sacs en papier.

JOUER ET SE BATTRE

Les chatons passent beaucoup de temps à jouer ensemble. Ils se poursuivent, sautent les uns sur les autres, essaient de s'attraper la queue, se roulent sur le dos, se donnent des coups de patte et de dents. Mais comme leurs griffes et leurs dents sont encore minuscules, ils ne se font jamais mal ! En jouant, les chatons apprennent à contrôler leurs muscles et découvrent les gestes de la chasse. Ils se tendent des pièges pour mimer l'approche et l'attaque. Quand ils sont adultes, les chats se battent entre eux pour défendre leur territoire ou pour conquérir une chatte. Mais lorsque deux chats amis se rencontrent, ils se disent bonjour en se touchant le bout du nez et les moustaches !

PILLER LES POUBELLES

Les chats errants pillent les poubelles pour se nourrir, ce qui peut parfois provoquer des bagarres. Mais le chat qui a une maison peut, lui aussi, avoir envie de fouiller les poubelles même s'il n'a nul besoin de manger. Pourquoi ? Parce qu'un repas dérobé ou volé est toujours bien meilleur que celui préparé par ses maîtres ! Le chat éprouve un grand plaisir lorsqu'il fournit un effort pour obtenir sa nourriture. C'est aussi pour cette raison que le chat est voleur de nature.
En effet, il résiste rarement à un plat de charcuterie ou à un bol de crème laissés sur une table.

BOIRE AU ROBINET

La plupart des chats n'aiment pas l'eau.
Mais, attirés par celle qui coule du robinet, ils préfèrent la laper plutôt que de la boire dans un bol. Les plus adroits parviennent, d'un coup de patte, à ouvrir eux-mêmes le robinet et à se servir tout seuls.

HYGIENE DE VIE

Indépendant et capricieux, le chat organise lui-même ses journées.
Il passe beaucoup de temps à dormir et à faire sa toilette. Il sort se promener quand il en a envie.
Fin gourmet, il ne mange que ce qui lui plaît ! Pour dormir, il choisit un endroit souvent en hauteur ou près d'une fenêtre, afin de pouvoir observer ce qui l'entoure. Il se promène dans son territoire, qu'il a bien défini, et il ne s'en écarte pas.
Le chat n'aime pas être commandé, ni qu'on lui change ses habitudes.
Très attaché à sa maison, il a horreur des déménagements.

LE SOMMEIL

Le chat est un gros dormeur : il passe les deux tiers de sa vie à dormir (entre 12 et 15 heures par jour) ! Parfois, alors qu'il dort en rond, il est secoué par de petits mouvements saccadés accompagnés de faibles murmures. Ce n'est pas grave : il rêve.

Pour bien dormir, le chat se réfugie sur son coussin ou dans sa corbeille, là où il se sent en sécurité.

Le jardin est pour le chat un merveilleux terrain d'exploration et de découvertes.

LA PROMENADE

Le chat, d'un naturel curieux, adore se promener dans le jardin. Il peut s'y exercer à chasser et à marquer son territoire. Il se frotte contre les arbres et les grillages pour laisser son odeur et faire savoir aux autres chats du quartier qu'il est passé par là. De même, en faisant ses griffes sur les troncs d'arbres, il avertit que cet espace fait partie de son territoire.
Il mange de l'herbe pour se purger et vomir les boules de poils qu'il a avalés en se léchant. Dans le jardin, le chat guette les intrus.

LA TOILETTE

Le chat est un grand coquet. Il passe une grande partie de sa journée à se laver.
Sa langue, humectée de salive, lui sert de gant de toilette et sa souplesse lui permet de se nettoyer entièrement. Le chat lèche sa patte de devant, puis la passe en frottant sur son cou, ses oreilles et ses moustaches. Une fois sa toilette achevée, il passe sa petite langue râpeuse sur sa fourrure pour la peigner.
Il fait sa toilette non seulement pour se laver, quand il se réveille ou après les repas, mais aussi quand il est anxieux, gêné, ou qu'il vient de “rater” une souris ou un oiseau.

LES REPAS

C'est un moment important pour le chat. Il mange de la viande, des légumes, du poisson, mais on peut aussi lui donner des croquettes ou des pâtées en boîte. Il peut boire un peu de lait.

En se lavant, le chat étale sur tout son corps sa propre odeur.

LES PETITS

Une chatte peut avoir des chatons à partir de cinq mois environ.
Elle porte ses petits dans son ventre pendant neuf semaines. Avant la naissance, la chatte s'installe dans un endroit tranquille, à l'abri des regards indiscrets. Le plus souvent, elle met au monde quatre à six chatons.
Les premiers jours, ils passent leur temps à manger et dormir. Ce n'est qu'à trois semaines qu'ils sauront marcher. A six semaines, ils courent, sautent, s'amusent entre eux et font leur toilette tout seuls.
Ils seront adultes à dix semaines environ, quand leurs sens et leurs muscles seront bien développés et qu'ils pourront s'aventurer à l'extérieur.

Une fois les chatons sevrés, on peut continuer à leur donner un peu de lait.

MANGER COMME UN GRAND !

Dès qu'ils ont leurs dents de lait, vers quatre semaines environ, les chatons commencent à manger de la viande finement

L'APPRENTISSAGE

C'est en imitant sa mère que le chaton apprend à faire sa toilette et à faire ses besoins dans le bac à litière.
La chatte entraîne ses chatons à devenir agiles et à utiliser leurs griffes. Elles les encourage à jouer entre eux et développe leur instinct de chasseur. Lorsqu'ils sont assez grands pour s'aventurer dehors, elle les met en garde contre les dangers.

hachée ou de la bouillie. Dès la fin du deuxième mois, la chatte ne les allaite plus du tout : c'est le sevrage. Jusqu'à trois mois, les chatons mangent souvent, car ils ont encore un très petit estomac et ne peuvent pas prendre beaucoup de nourriture à la fois.

LE NOUVEAU-NE

A la naissance, le chaton est sourd, aveugle et ne sait pas marcher, mais son odorat est déjà bien développé. Il pèse environ 100 g et, dès la première semaine, il double son poids. A huit jours, il ouvre les yeux et commence à percevoir les bruits. A trois semaines, il voit, entend, marche et explore l'univers qui l'entoure.

LA NAISSANCE

Les chatons naissent entourés d'une enveloppe blanchâtre qui se déchire en libérant un liquide. La chatte coupe elle-même le cordon ombilical, puis, comme les chatons sont tout mouillés, elle les lèche pour les réchauffer, les sécher et faire gonfler leurs poils. Pendant qu'elle met au monde les derniers chatons, les premiers rampent contre son corps, à la recherche d'une mamelle, et tètent goulûment. La chatte allaite ses petits, les surveille et passe beaucoup de temps à les lécher et à lisser leurs poils. Les chatons tètent toutes les trois heures, puis s'endorment, serrés les uns contre les autres. Chacun a sa tétine et fait jaillir le lait en pétrissant le ventre de la chatte avec ses pattes de devant.

S'OCCUPER DE SON CHAT

Quand on a un chat, il faut s'en occuper chaque jour : lui préparer ses repas, bien brosser son poil, jouer avec lui et lui faire beaucoup de caresses !
Quand il est petit, il faut lui apprendre la propreté, parfois même lui donner le biberon s'il n'est pas encore sevré.
Si le chat ne paraît pas en bonne santé, il faut le faire examiner rapidement par un vétérinaire. Le chaton doit être vacciné pour éviter qu'il n'attrape certaines maladies.
Le chat aime que l'on joue avec lui. Si on veut lui faire plaisir, il suffit d'agiter devant lui un bouchon attaché à une ficelle ou de lui lancer des boulettes de papier : cela l'amusera beaucoup !

COUPER SES ONGLES

Dans la nature, le chat se fait les griffes sur les arbres pour les acérer. A la maison, on peut lui installer une planche pour faire ses griffes. Mais si elles deviennent trop longues, il faut l'emmener chez le vétérinaire pour qu'il les lui coupe avec des pinces spéciales.

PEIGNER SON CHAT

Pour qu'un chat ait un poil luisant et soyeux, on peut le peigner avec une brosse ou un peigne pour chat, en commençant par le dos, puis la tête et la queue.

Habitué très tôt au brossage, le chat y prendra vite plaisir et ronronnera de joie !

Si le chat a des poils longs, on le brosse chaque jour pour éviter que ceux-ci ne s'emmêlent.

NETTOYER SES OREILLES

Il faut de temps en temps observer les oreilles du chat pour voir si elles sont bien propres. Avec un Coton-Tige imbibé d'huile d'amande douce, on peut les nettoyer. Mais il faut le faire très doucement, car les oreilles du chat sont sensibles. Attention ! Si le chat se gratte souvent les oreilles, il est peut-être malade.

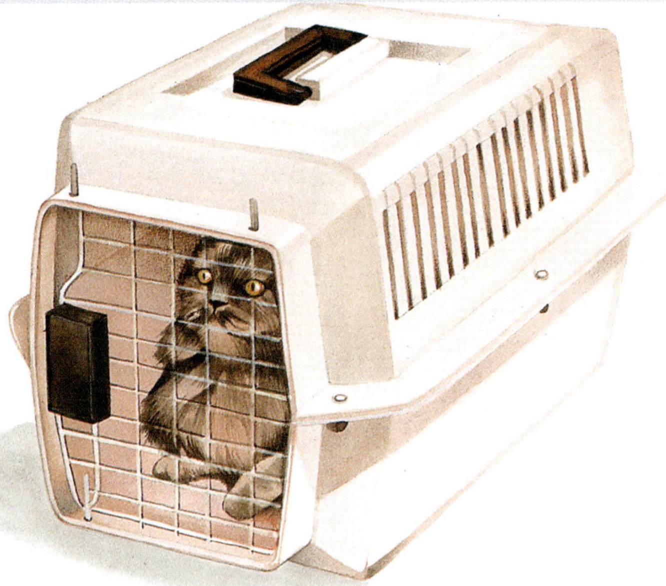

TRANSPORTER SON CHAT

Pour transporter le chat chez le vétérinaire ou voyager avec lui en train ou en voiture, on peut acheter un panier spécial ou une boîte de transport. Le couvercle est percé de trous. Ainsi, le chat peut respirer et regarder autour de lui. Il faut lui en donner l'habitude tout petit si on voyage souvent.

UN PETIT COIN POUR SES BESOINS

Le chat fait ses besoins dans un bac en plastique garni de litière qu'il faut changer régulièrement pour qu'elle soit toujours bien propre. Très soigneux, le chat gratte la litière pour enterrer ses excréments. Pour apprendre au chaton à devenir propre, on le met dans le bac très souvent.

Le chat est un animal très propre, il ne supporte pas une litière sale.

CHATS À POIL COURT

C'est en Égypte, vers 2200 avant Jésus-Christ, que l'on rencontre les premiers chats domestiques. Compagnons de l'homme, ils étaient sacrés et momifiés après leur mort. Jusqu'au XVIe siècle, on ne trouve en Europe que des chats à poil court. On les classe en deux grandes familles : les chats européens et les chats exotiques. Les chats européens sont, selon les couleurs et les croisements, des chats de race ou de simples chats de gouttières. Ils sont robustes, charpentés, avec une robe rayée ou marbrée. Les chats exotiques, dont le plus connu est le siamois, sont fins et élancés. Mais il existe aussi des chats sans poils du tout : on les appelle des chats nus.

LE CHAT DE L'ÎLE DE MAN

Ce chat, originaire d'une petite île située entre la Grande-Bretagne et l'Irlande, n'a pas de queue. Une légende raconte qu'il serait grimpé le dernier dans l'arche de Noé et que la porte se serait fermée sur sa queue ! Comme ses pattes de derrière plus longues que celles de devant, il se déplace par bonds, comme un lapin.

L'EUROPÉEN RED TABBY

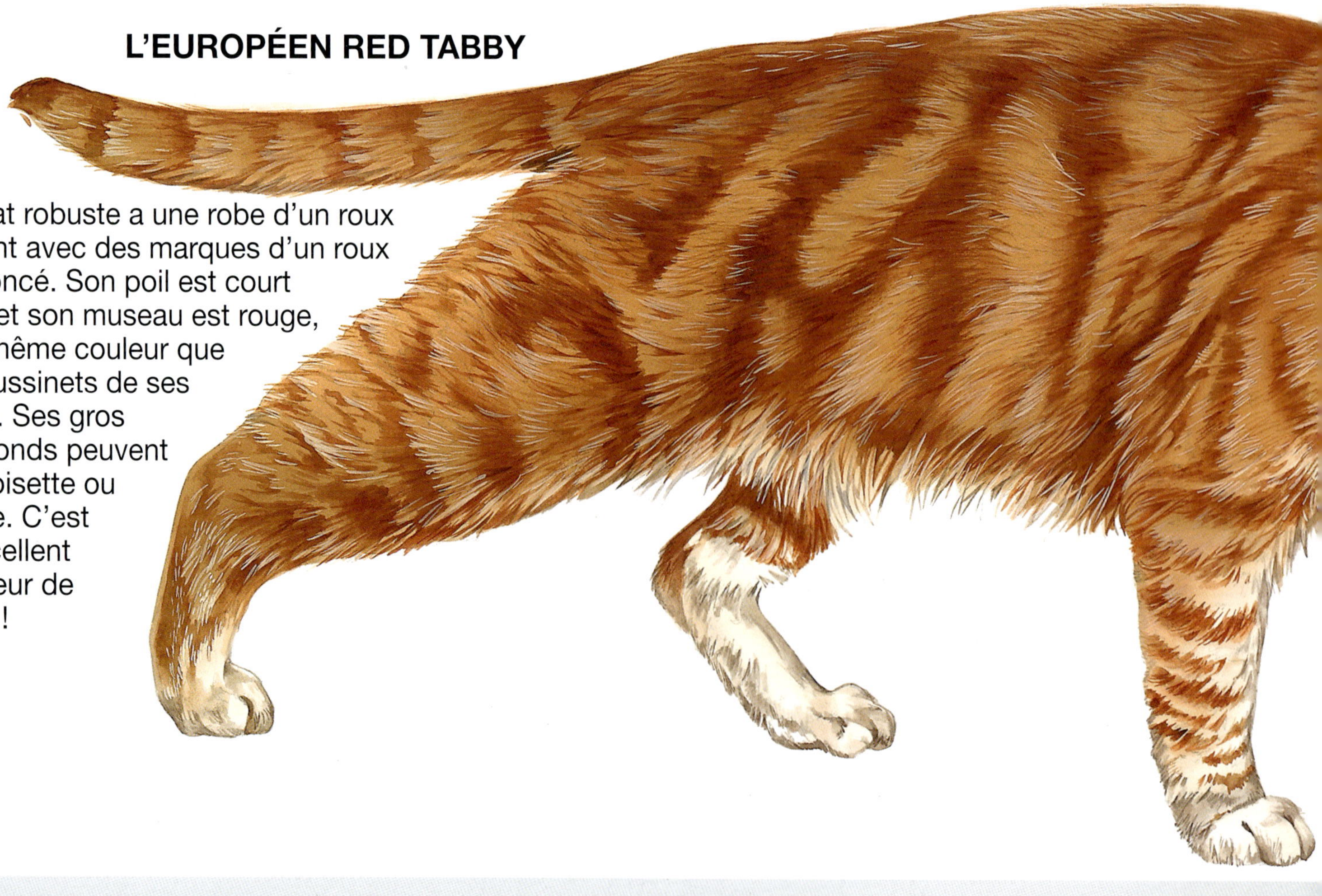

Ce chat robuste a une robe d'un roux éclatant avec des marques d'un roux plus foncé. Son poil est court et fin, et son museau est rouge, de la même couleur que les coussinets de ses pattes. Ses gros yeux ronds peuvent être noisette ou orange. C'est un excellent chasseur de souris !

Le chat de l'île de Man, qui est l'un des plus rapides, n'est pas un excellent grimpeur, mais un bon pêcheur. C'est un compagnon très affectueux et courageux.

LE BURMESE CHOCOLAT ▶

Le burmese est très proche du siamois. Il a comme lui un corps allongé, svelte et souple, et des oreilles pointues. Le burmese chocolat, appelé aussi burmese champagne, est d'un brun parfois uni, mais, le plus souvent, sa queue, sa tête et ses pattes sont légèrement plus foncées.

L'ABYSSIN ROUX ▶

L'abyssin, d'un beau roux cuivré, est menu, avec une tête allongée et de grandes oreilles pointues. Ses pattes sont fines et sa queue effilée. C'est un chat calme, qui ne miaule pas souvent. D'un naturel prudent, il observe attentivement le territoire où il voudrait s'engager pour éviter tout danger.

LE SIAMOIS

Ce chat est apparu en Angleterre en 1884, offert au consul général britannique à Bangkok par le roi du Siam. C'est un chat svelte et élégant, avec un corps allongé, des pattes minces, une tête triangulaire et de grandes oreilles. Sa robe est crème, avec des marques brun foncé sur la face, les oreilles, la queue et les pattes. Ses yeux sont d'un beau bleu profond. Le siamois a souvent des portées nombreuses, plus de cinq chatons à la fois. Il miaule beaucoup et sa voix rauque très spéciale ressemble un peu au cri humain. Très intelligent, il apprend facilement des tours et invente de nombreux jeux. Il s'attache beaucoup à son maître, mais il devient vite jaloux si l'on ne fait pas attention à lui ! C'est le chat le plus facile à faire marcher en laisse !

LE REX DU DEVON

Ce chat au corps mince et musclé a le poil beaucoup plus court que celui des autres chats. Son poil frisé et ondulé est très doux au toucher. Sa tête est triangulaire, avec de très longues oreilles, de grands yeux ovales et des moustaches "froissées". De caractère facile, la vie en appartement ne le dérange pas.

Oriental foreign blue

L'ORIENTAL FOREIGN BLUE

Ce chat, de type siamois, a une robe gris perle teintée de rose. Cette couleur est obtenue par le croisement de ses deux parents, dont les couleurs sont bleu et chocolat. L'oriental foreign blue a une tête allongée, de grandes oreilles dressées et des yeux d'un beau vert profond. Les coussinets sous ses pattes sont tout roses.

LE CHARTREUX

Ce grand chat robuste et bien musclé a une fourrure pouvant aller du gris-bleu au gris sombre. Sa tête est ronde et ses joues rebondies. On pense qu'il est originaire d'Afrique du Sud, d'où les moines de l'ordre des chartreux l'auraient ramené en France au XVIe siècle pour faire la chasse aux rongeurs dans les monastères. Excellent chasseur, c'est aussi un compagnon doux, intelligent et très affectueux. Un peu paresseux, il adore faire de longues siestes près d'un radiateur.

Chartreux

Rex du devon

CHATS À POIL LONG

C'est au XVIe siècle que les premiers chats à poil long ont été introduits en Europe, ramenés d'Asie mineure par des voyageurs. De Turquie sont venus les angoras, et de Perse les persans. Ces chats ont tous une robe longue, épaisse et soyeuse, avec une collerette de poils autour de la tête et un jabot entre les pattes de devant.
Au fil des ans, les éleveurs ont produit des chats dont la fourrure est de plus en plus longue et fournie. Ces chats magnifiques nécessitent donc beaucoup de soins : il faut les brosser chaque jour pour que leurs poils ne s'emmêlent pas et restent toujours brillants.

LE PERSAN

Il y a différentes variétés de persans. Ils sont tous caractérisés par un pelage abondant, avec une sorte de toupet qui se prolonge entre les pattes de devant, une queue touffue et une tête large avec de petites oreilles.

Les persans les plus remarquables sont le persan bleu (ci-contre), aux yeux orange, et le persan blanc.

LE CHINCHILLA BLANC

Ses poils sont soyeux et très fournis. Il a une tête ronde avec de grands yeux vert émeraude ou bleu-vert et un petit nez rouge.
À la naissance, les chatons ont une robe foncée ou marbrée.

LE CHAT TURC

(ci-dessous)

Ce chat robuste est originaire de la région du lac de Van, en Turquie. On l'appelle aussi "chat nageur", car, à la différence des autres chats, il adore nager et son pelage sèche vite ! Cousin de l'angora, il a une fourrure longue et soyeuse, plus douce que celle du persan.

Le ragdoll est sans défense et n'a aucune conscience du danger : il peut lui arriver de s'endormir au beau milieu d'une route ! Incapable de combattre, on doit le tenir à l'écart des autres animaux qui pourraient l'attaquer.

LE RAGDOLL

Ce chat est si mou qu'on peut le prendre dans ses bras comme une poupée de chiffon. C'est d'ailleurs le surnom qu'on lui a donné. Sa fourrure est longue et sa queue très touffue.

LES ANIMAUX DES CHAMPS

Texte
Émilie BEAUMONT
Raphaëlle CHAUVELOT

Images
Marie-Christine LEMAYEUR
Bernard ALUNNI

LE HÉRISSON

Le hérisson est un mammifère de 25 cm environ, petite boule de piquants à quatre pattes et au nez pointu. Il se nourrit de fruits, d'invertébrés et même de serpents. Au moindre danger, il s'enroule sur lui-même, se faisant ainsi une carapace de ses piquants.
Le hérisson vit dans les haies, les champs, les sous-bois et les jardins. Bien camouflé sous un tas de bois ou dans un buisson, il fait son nid avec de l'herbe sèche et des feuilles mortes. Il déménage souvent, partant à la recherche de nourriture, sauf pendant les mois d'hiver durant lesquels il hiberne.

Des piquants comme des épées

Un hérisson adulte porte environ 5 000 aiguillons, qui sont des poils durcis de 2 ou 3 cm. À la base de chacun d'eux, un petit muscle permet de le dresser en cas de danger. Le hérisson est alors protégé par une forêt de pointes aiguës, dirigées dans tous les sens. Le hérisson se met en boule comme dans un sac. Plus il est en boule, plus ses poils sont hérissés !

En famille

Quand la nourriture est abondante et le climat clément, la femelle peut avoir, entre mai et septembre, deux portées de quatre à sept petits. Après une longue parade nuptiale et l'accouplement, le mâle laisse la femelle installer son nid, mettre bas et éduquer les petits. Au bout de trois semaines, ces derniers sortent et apprennent à se nourrir. Ils quittent définitivement le nid à six semaines.

À la naissance, les piquants du hérisson sont encore sous la peau. Ils apparaissent après quelques heures. Les yeux et les oreilles sont clos et ne s'ouvrent qu'au bout de deux semaines. Le hérisson nouveau-né est vulnérable car il ne sait pas encore se mettre en boule. Il se défend en se redressant pour piquer le museau de son prédateur.

Le renard rusé attend patiemment que le hérisson pointe son museau et le saisit alors aux flancs.

Pendant la longue période d'hibernation, qui dure d'octobre à mars, le hérisson ne se réveille qu'une fois tous les quinze jours. Il utilise l'énorme réserve de graisse accumulée pendant l'été : il avait doublé de volume !

En quête de nourriture

Le hérisson vit caché dans son nid pendant la journée et sort la nuit. Il regarde partout, fouille les buissons, renifle les trous. Il se nourrit de vers de terre, de limaces, de chenilles. Il mange également des hannetons, des œufs ou des oisillons, parfois des animaux morts. Il grignote des fruits, des baies et des graines. Il s'attaque aussi à des taupes ou à des vipères.

Le hérisson ne craint pas les crochets venimeux de la vipère. Il renifle le serpent et le traque jusqu'à sa cachette. La vipère, rarement victorieuse, est dévorée par le hérisson.

Un nid douillet pour hiberner

À l'automne, les hérissons se réfugient dans leur cachette isolée du froid et garnie de feuilles dans lesquelles ils s'endorment en couple. Leur température tombe peu à peu jusqu'à atteindre la température ambiante.

L'ESCARGOT

L'escargot est un mollusque, c'est-à-dire un animal à corps mou. Il est protégé par une coquille solide, au fond de laquelle il se réfugie. Pour rester souple, il a besoin d'humidité. Il sort après la pluie et évite le soleil qui le dessèche. L'escargot est guidé par son odorat et par sa paire de petits tentacules très sensibles au toucher. Ses yeux, placés au bout de ses grands tentacules, voient mal. L'escargot est un gastéropode, ce qui signifie que sa tête est le prolongement de son pied qui en se contractant lui permet d'avancer, lentement mais sûrement !

La coquille

L'escargot ne mue pas, car il agrandit sa coquille en sécrétant du mucus, qui durcit en séchant. Elle s'enroule en spirale et abrite ses poumons, ses intestins et son cœur. Elle le protège des intempéries et des prédateurs que sont les mammifères et les oiseaux. L'escargot dort et hiberne à l'intérieur de sa coquille.

Après le passage d'un escargot sur une feuille, on aperçoit une trace brillante. L'escargot produit du mucus sur lequel il glisse, protégeant ainsi son corps des aspérités des surfaces qu'il traverse. Il peut même ramper sur une lame de rasoir sans se blesser !

Ennemi des potagers

En avril, après une longue hibernation, l'escargot amaigri est la plaie des potagers, où il trouve toutes sortes de végétaux dont il est friand : laitue, menthe... Sa bave ramollit les feuilles trop dures et, dans sa bouche, il a une râpe constituée de milliers de dents infiniment petites mais très efficaces !

L'escargot est hermaphrodite. Ce mot signifie qu'il est à la fois mâle et femelle. Il a cependant besoin d'un partenaire pour se reproduire.

Lorsque les deux escargots se rencontrent, ils entreprennent une parade nuptiale : ils se flairent, se caressent, se mordillent.

L'escargot des jardins *a une jolie coquille jaune vif au liseré noir. Il est peu apprécié des gourmets.*

L'escargot de Bourgogne*, dit gros blanc, est très prisé pour la finesse de sa chair. Sa coquille de couleur fauve s'éclaircit avec les années.*

La peau de l'escargot chagriné est grise et lui donne son surnom : ***le petit gris****. Il grandit très vite et se consomme dès la première année.*

Un grand sensible

Certains facteurs climatiques modifient le comportement de l'escargot : trop d'eau lui fait craindre de gonfler, trop de soleil de sécher ; quand il fait trop chaud, il se déshydrate, trop froid, il meurt. Dans tous les cas, son réflexe est de se retirer dans sa coquille.

Une longue hibernation

Quand arrive la fin du mois de septembre, l'escargot s'enfonce dans la terre ou se cache dans un mur ou sous un buisson. Il se rétracte au fond de sa coquille et, pour la fermer, fabrique une solide membrane de mucus. Il se rétracte encore et produit une seconde membrane afin de mieux s'isoler du froid. Il est prêt pour une longue nuit de six mois.

La ponte

L'escargot creuse dans le sol un trou de 5 à 10 cm de profondeur et y dépose une cinquantaine d'œufs blancs.

L'incubation

L'escargot recouvre ses œufs de terre, aplatit le sol et les abandonne à leur sort. Trois semaines après, les petits sortent de leur œuf, rampent et remontent à la surface.

Des petits translucides

La coquille des petits est fine et jaune, leur peau grise et claire. Ils sont extrêmement fragiles, car très sensibles à la lumière. Ils ne sortent que la nuit pour se nourrir.

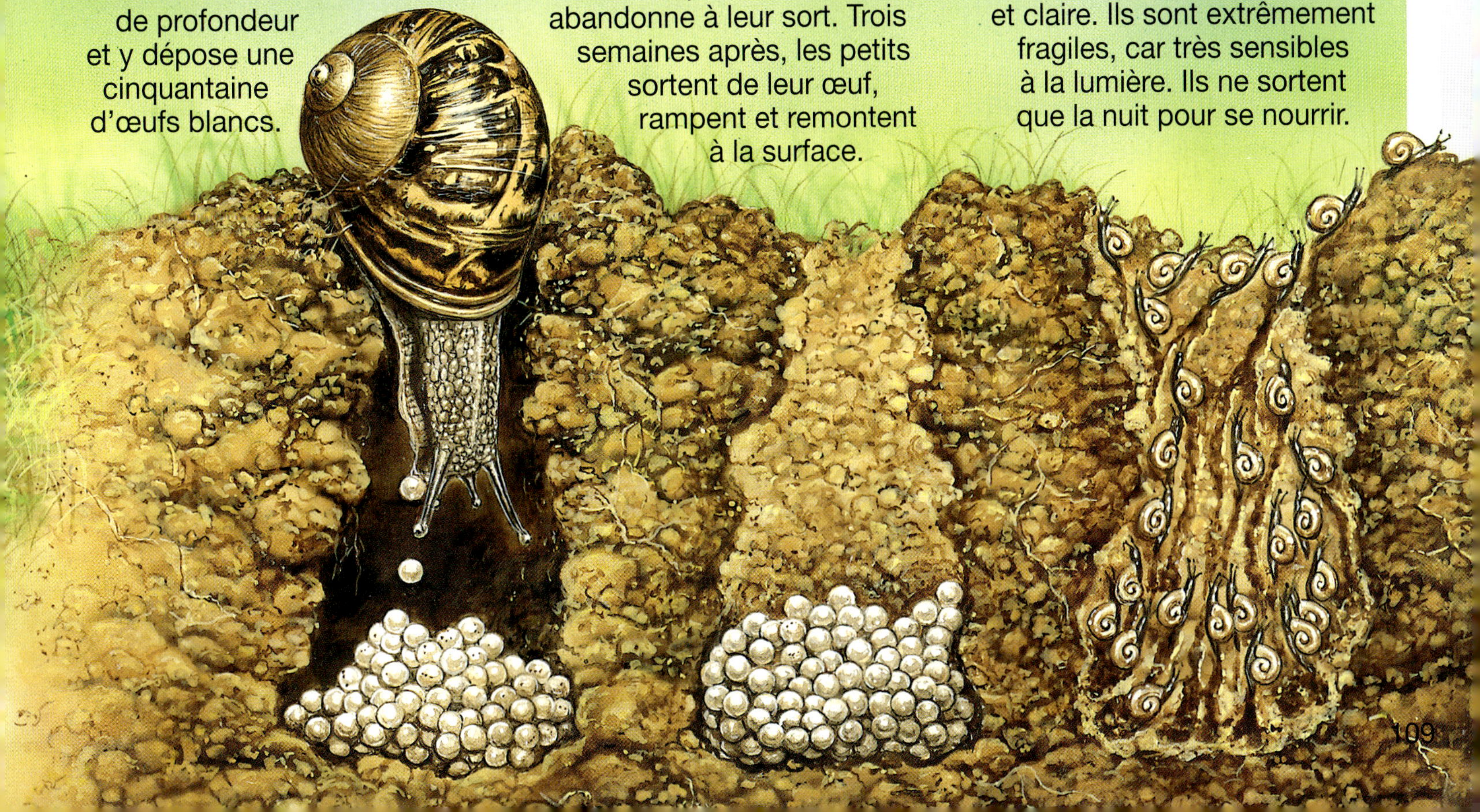

LA GRENOUILLE

La grenouille, comme le crapaud, fait partie de la famille des amphibiens, ces animaux qui vivent à la fois sur terre et dans l'eau. Elle ne s'éloigne pas du milieu aquatique, alors que le crapaud préfère les endroits sombres et humides sur la terre ferme. La température de leur corps s'accorde à la température ambiante. Leur peau est sans poils ni écailles, lisse et humide chez la grenouille, rugueuse et sèche chez le crapaud. Elle respire en captant l'oxygène de l'eau. Ces animaux ont des pattes arrière démesurément longues et musclées.

Toujours plus haut, toujours plus loin

La grenouille se déplace en sautillant, alors que le crapaud marche. Quand elle sent le danger, elle déploie ses pattes arrière et plonge dans l'eau, tête la première. Elle saute pour grimper aux arbres ou pour attraper un insecte. Certaines grenouilles peuvent faire des bonds de plus de deux mètres. Les unes se camouflent en changeant de couleur ; d'autres, tout au contraire, arborent des couleurs vives qui dissuadent les prédateurs de s'approcher, car de la peau s'échappe du venin.

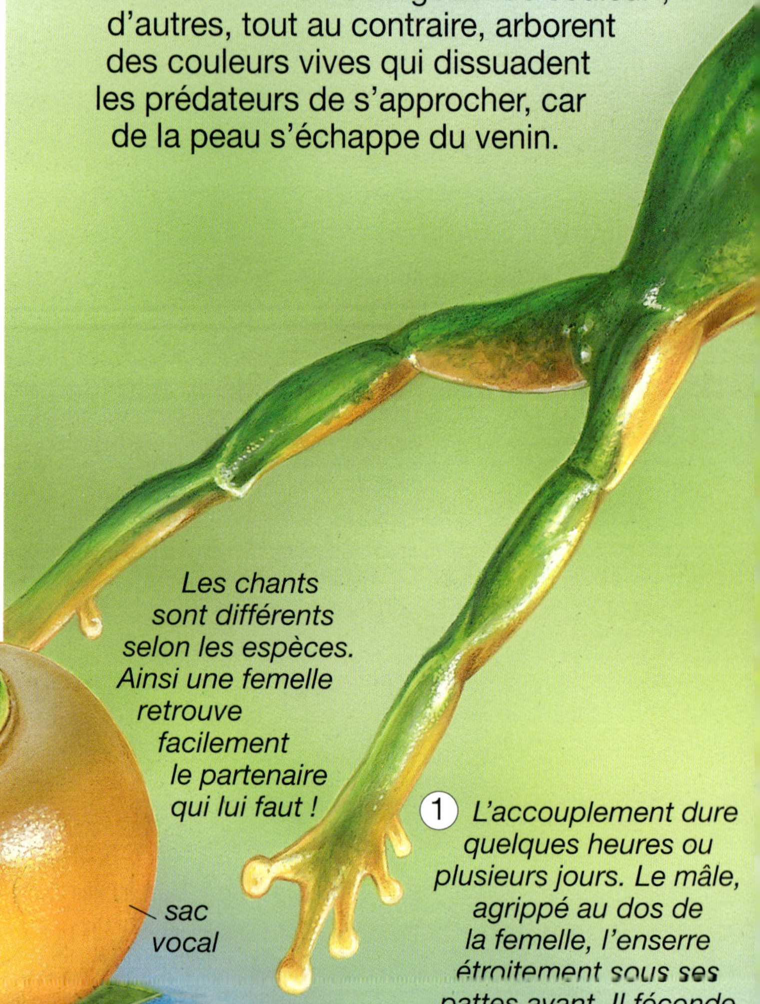

Les chants sont différents selon les espèces. Ainsi une femelle retrouve facilement le partenaire qui lui faut !

(1) *L'accouplement dure quelques heures ou plusieurs jours. Le mâle, agrippé au dos de la femelle, l'enserre étroitement sous ses pattes avant. Il féconde les œufs au fur et à mesure qu'elle les pond par milliers.*

Un chant charmeur

À l'époque des amours, le mâle appelle la femelle par des chants. Chez certains, la vibration des cordes vocales résonne dans une petite poche, appelée sac vocal, qui se trouve sous la gorge ou derrière les mâchoires. Les grenouilles poussent aussi des cris lorsqu'il va pleuvoir ou lorsqu'il y a du danger. On dit alors qu'elles coassent.

Une langue pour chasser

La grenouille est carnivore et se nourrit surtout d'insectes. Elle attend patiemment que l'un d'eux passe devant elle et saute bouche ouverte. Elle peut aussi utiliser sa langue collante pour le capter. Quand elle ferme les yeux, les globes oculaires de la grenouille s'enfoncent dans sa bouche et poussent jusqu'à l'estomac la proie qu'elle vient d'attraper vivante et qu'elle avale tout rond. Ayant une grande bouche, la grenouille peut consommer de grosses proies qui la nourrissent pour plusieurs jours.

La grenouille a quatre doigts aux pattes avant et cinq aux pattes arrière, adaptés à son mode de vie. ***La rainette*** *possède des coussinets qui adhèrent à l'écorce des arbres qu'elle escalade. Ses pattes palmées à l'arrière améliorent sa nage.*

Le crapaud commun *a la peau couverte de verrues. Il assomme ses proies avec sa langue.*

(2) Les œufs, pondus en grappe ou en chapelet, sont dissimulés dans de l'écume, accrochés à des plantes aquatiques ou laissés à la dérive. Ils ne sont pas protégés par une coquille mais faits d'une matière gélatineuse qui nourrit la larve.

(3) Une fois l'œuf éclos, la larve, appelée têtard, se métamorphose pour devenir grenouille. Cela dure plus ou moins longtemps selon les espèces. Dans l'eau, les têtards respirent grâce à de petites branchies situées sur la tête.

(4) Herbivores, les têtards se nourrissent de micro-organismes en suspension dans l'eau ou de plantes raclées dans le fond. Les pattes arrière se forment les premières. Quand les pattes de devant apparaissent, la queue diminue puis disparaît.

(5) Quand la petite grenouille est formée, elle sort de l'eau, en quête de nourriture.

LA BELETTE

La belette est le plus petit des mammifères carnivores d'Europe. Son corps longiligne sur de petites pattes se termine par une tête allongée et un museau court. Ses oreilles rondes sont à peine visibles. Mince et souple, elle se faufile facilement dans les espaces étroits. Très agile, elle se déplace rapidement. C'est aussi une excellente grimpeuse. La belette est couverte d'un duvet chaud et dense et de poils longs et peu serrés. Son odorat développé lui permet de repérer une proie, un partenaire pour se reproduire ou le territoire d'une autre belette.

Mode de vie et habitat

Habitant les broussailles, les haies ou les fossés, la belette s'active aussi bien la nuit que le jour. Elle ne creuse pas de trous mais se faufile dans les galeries souterraines creusées par les rongeurs pour y trouver sa nourriture, faire son nid et se protéger au moindre danger. Ses principaux ennemis sont le renard, le chat sauvage et la fouine. Elle craint également les rapaces.

Une odeur repoussante

C'est avec un liquide huileux et fort malodorant qui s'échappe de son postérieur que la belette marque son territoire et repousse ses prédateurs.

De nombreux petits

La femelle met bas une ou deux portées par an de trois à neuf petits, qu'elle allaite pendant trois à six semaines. Ils naissent aveugles et n'ouvrent les yeux qu'à la quatrième semaine. Ils sortent du nid peu de temps après, apprennent à chasser et se dispersent rapidement.

L'hermine

Très semblable à la belette, l'hermine se distingue par sa taille légèrement plus importante et la ligne de partage nette entre le pelage brun de son dos et celui, blanc, de son ventre. Le bout de sa longue queue est noir et le reste même en hiver, quand elle prend son pelage blanc pour mieux se dissimuler dans la neige. Elle vit dans les régions froides et apprécie le bord des rivières et des étangs. Elle ne met bas qu'une portée de petits dans l'année.

Livrée d'été, livrée d'hiver

Chez la belette, la démarcation entre les poils bruns de son dos et clairs de son ventre est sinueuse. Sa courte queue est uniformément brune. Dans les régions enneigées, ce pelage devient blanc, les poils du ventre restant clairs.

À l'attaque

La belette repère sa proie à l'odeur et à la vue, la suit à la trace, puis bondit sur elle et la tue d'un violent coup de dents à la nuque. Elle la mange en commençant par la tête, se régale pendant une dizaine de minutes, se repose quelques heures, puis termine son repas.

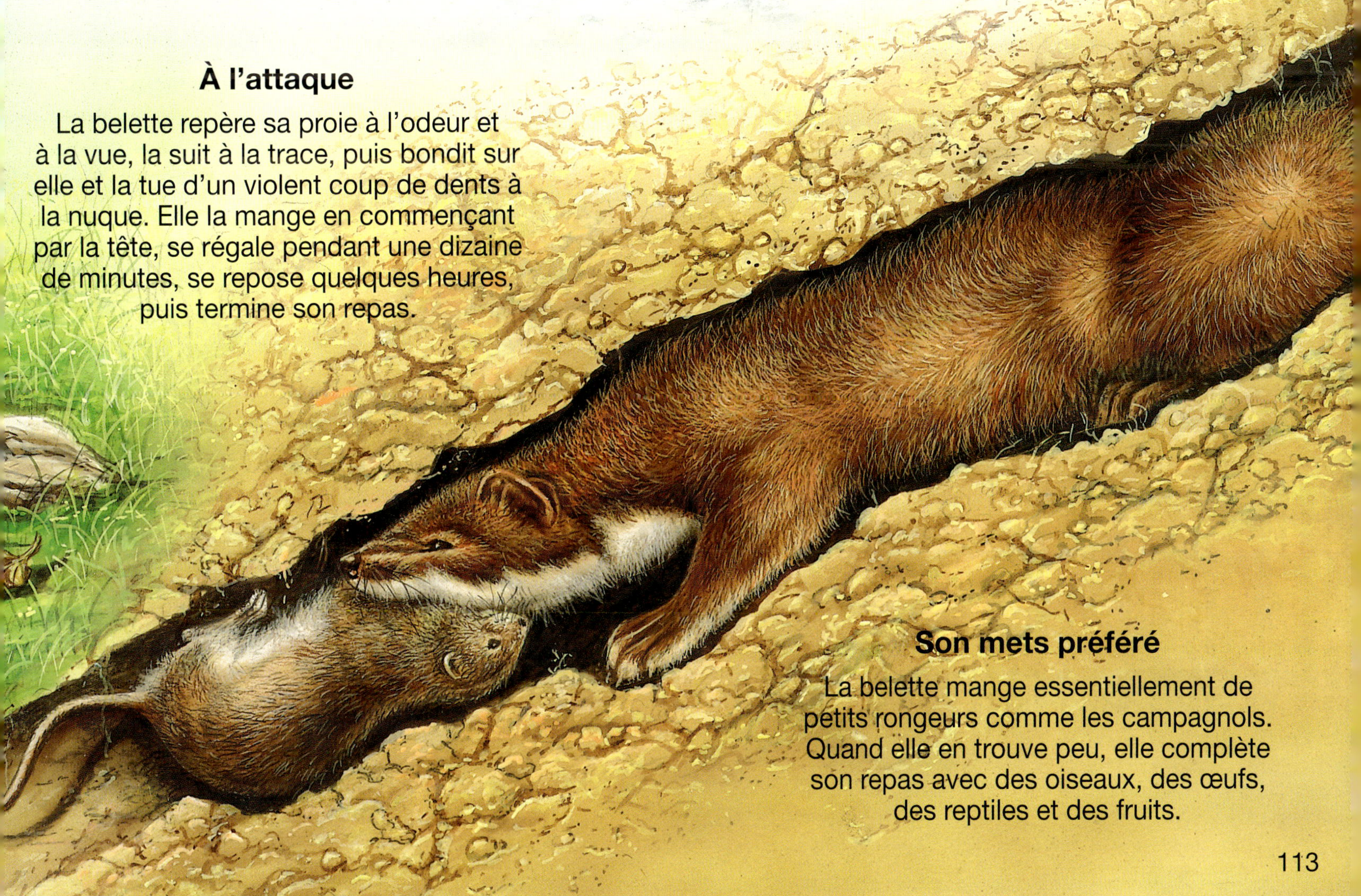

Son mets préféré

La belette mange essentiellement de petits rongeurs comme les campagnols. Quand elle en trouve peu, elle complète son repas avec des oiseaux, des œufs, des reptiles et des fruits.

DES PETITS MAMMIFÈRES

Les petits mammifères qui vivent à l'abri des hautes herbes sont difficiles à apercevoir, car ils s'activent plus librement à la nuit tombée. Les rongeurs, qui se reproduisent vite, sont très nombreux. Mais leurs multiples prédateurs rétablissent l'équilibre naturel. Ils usent leurs deux paires d'incisives, qui poussent sans arrêt, en grignotant ou en les frottant. La plupart d'entre eux hibernent pendant plusieurs mois. La musaraigne n'est pas un rongeur mais un insectivore.

Le mulot

On le confondrait avec la souris s'il n'avait un pelage blanchâtre sur le ventre, de grandes oreilles et des yeux globuleux. Il fait des sauts prodigieux pour échapper à ses prédateurs. Au sol, il construit un logis avec deux ouvertures. L'entrée est à la verticale, la sortie en biais.

Le campagnol des champs

Ce petit rongeur, au corps ramassé, vit dans les milieux herbacés en importantes colonies. Il se nourrit en surface de graines, de baies et de la partie verte des plantes.

Le campagnol creuse des terriers et des galeries sous les végétaux afin d'en manger les racines. Il les écrase avec ses molaires, dont la croissance est continue.

La souris

La souris vit partout, sauf aux pôles ! Elle s'adapte facilement à tous les milieux, notamment aux habitations humaines ! Elle se reproduit très vite et beaucoup, et elle se nourrit de tout.

Le rat des moissons

Ce tout petit rongeur de 5 cm, sans doute le plus menu d'Europe, grimpe aisément au sommet des hautes herbes. Il s'aide avec sa queue légèrement préhensile, qu'il enroule autour des tiges et utilise comme une patte supplémentaire. Le rat des moissons mange beaucoup de graines de céréales. Il se nourrit aussi de baies, d'insectes et d'araignées.

Le mulot cherche dans les arbres œufs et fruits, qu'il entasse à proximité de son nid en prévision de l'hiver, ou qu'il cache sous une souche pour les manger tranquillement à l'abri des rapaces.

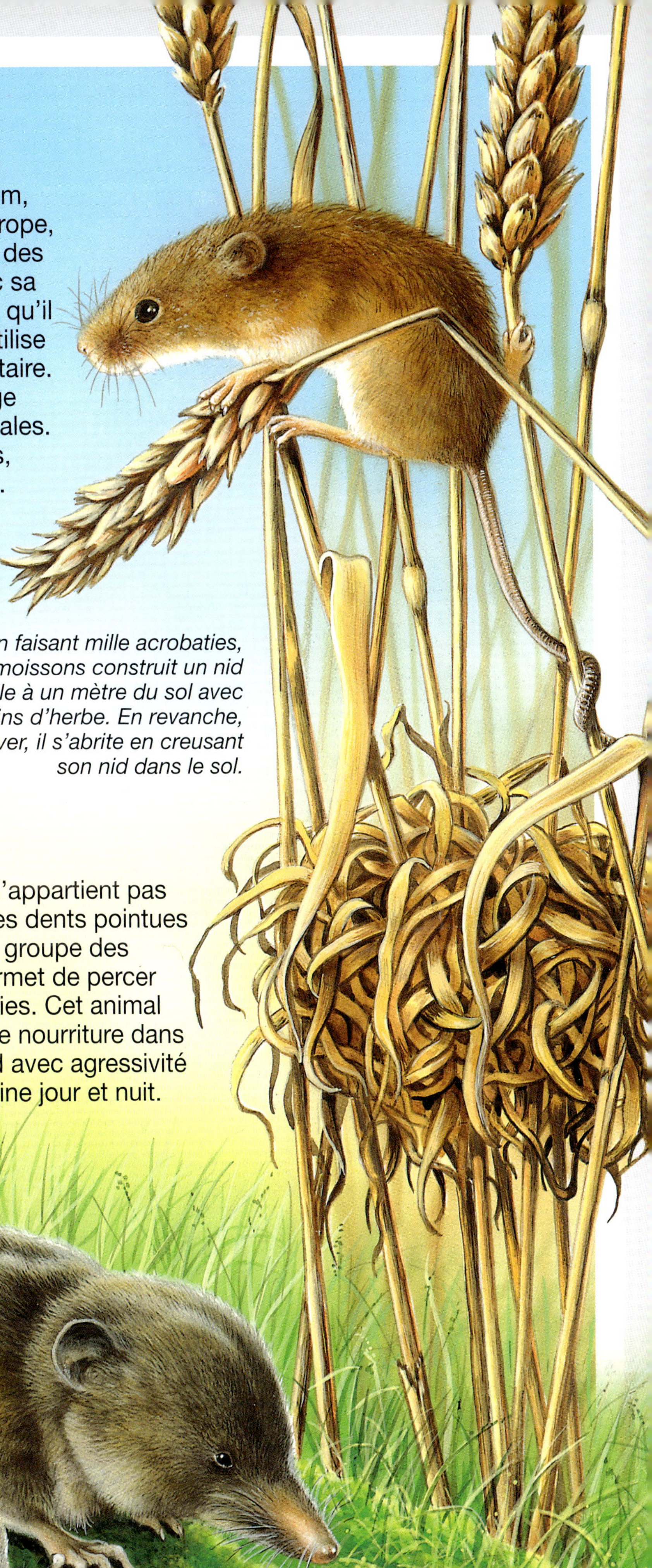

Tout en faisant mille acrobaties, le rat des moissons construit un nid en boule à un mètre du sol avec des brins d'herbe. En revanche, en hiver, il s'abrite en creusant son nid dans le sol.

La musaraigne

Elle ressemble à une souris mais n'appartient pas à la famille des rongeurs. En effet, ses dents pointues prouvent son appartenance au groupe des insectivores. Cette denture lui permet de percer facilement la carapace de ses proies. Cet animal vorace ingurgite son propre poids de nourriture dans une journée. De plus, elle défend avec agressivité son domaine vital. Elle couine jour et nuit.

Cette magnifique amanite tue-mouches est un champignon vénéneux.

LE LIÈVRE ET LE LAPIN

Tous deux font partie de la même catégorie animale : ils ressemblent aux rongeurs par leurs incisives qui poussent continuellement, mais s'en distinguent à cause d'une paire supplémentaire. Ce sont des mammifères de taille moyenne, herbivores, aux grandes oreilles et aux yeux globuleux. Leurs pattes postérieures sont longues et musclées. Le lièvre, plus gros, vit seul et à la surface, alors que le lapin vit en colonies, dans un réseau de galeries et de chambres souterraines appelé garenne.

Un grand amoureux

Quand arrive la saison des amours, au printemps et parfois même avant, les lièvres mâles, appelés bouquins, entament d'étranges ballets le soir venu. Ils se livrent en fait de violents combats afin de conquérir une femelle. Ils se mettent à courir dans tous les sens, à faire des bonds, donnant des coups de leurs pattes antérieures et postérieures. Des touffes de poils volent, des queues sont arrachées. Ces combats peuvent durer toute la nuit. Les bouquins, surpris par le lever du soleil, doivent se dissimuler dans les champs, loin de leur gîte.

Manger pour vivre

Le lièvre vit en surface et dort dans un gîte qu'il s'est aménagé en creusant un trou peu profond dans le sol. Il y reste tapi toute la journée et s'active à la nuit tombée, se nourrissant d'herbes et de plantes, de racines et d'écorces. De la même façon, le lapin vit la nuit et regagne son terrier à l'aube.

Une grande famille

Lapins et lièvres sont très prolifiques. La hase, lièvre femelle, a quatre portées par an. Les levrauts voient à la naissance et deviennent vite autonomes, alors que les lapereaux naissent aveugles au fond du terrier où la femelle a préparé un nid douillet. Elle s'en occupe pendant six mois !

Grâce à de grandes oreilles en forme de cornet, lapin et lièvre ont une ouïe excellente. Leurs yeux placés très haut sur leur crâne voient quasiment à 360 degrés.

Un labyrinthe

Le lapin de garenne creuse, jusqu'à un mètre de profondeur, un réseau compliqué de longues et étroites galeries reliant de nombreuses chambres. Les différentes entrées s'appellent des gueules. Les couloirs qui joignent un nouveau terrier à un étage du terrier initial sont des cheminées. Le lapin de garenne aménage également des terriers de secours plus simples.

***La lapine** rassemble brindilles, mousses et poils qu'elle arrache à son ventre pour faire un nid confortable. Elle obstrue l'accès de cette chambre chaque fois qu'elle s'absente et le débouche quand elle revient allaiter ses petits.*

***La hase** donne la tétée aux deux ou quatre levrauts de sa portée. Au bout de douze jours, ils mangent de l'herbe.*

Taillé pour la course

Le lapin et le lièvre ont des pattes postérieures plus longues que les antérieures, ce qui les propulse en avant pendant la course. Les doigts velus de leurs pattes empêchent les glissades. Alors qu'au moindre danger le lapin s'enfuit dans son terrier, le lièvre, rapide et rusé, s'échappe en courant jusqu'à 70 km/h pour distancer son prédateur et change souvent et brutalement de direction pour le déstabiliser.

LA TAUPE

La taupe appartient à la classe des insectivores. Cependant, elle ne se nourrit pas seulement d'insectes, mais aussi de vers de terre et parfois de grenouilles. Elle vit dans le sol et en sort rarement. Alors qu'elle voit et qu'elle entend mal, son odorat est très développé : son long museau mobile est très sensible. Les poils de son pelage noir et dense se couchent dans tous les sens. De ce fait, ils ne la freinent pas. Elle avance et recule sans problème dans les étroites galeries qu'elle a creusées avec ses larges mains plates, aux ongles robustes.

La championne des fouisseurs

La taupe est un animal fouisseur, c'est-à-dire qui s'enfouit dans le sol. Sa morphologie est adaptée à son habitat souterrain ; notamment ses pattes antérieures, toujours tournées vers l'arrière, comme des rames. Quand elle creuse une galerie, elle s'accroche au sol avec ses pattes arrière puis arrache la terre de ses deux mains en les rabattant l'une après l'autre vers l'arrière. Régulièrement, elle évacue la terre vers la surface par une cheminée et forme ainsi une taupinière.

Une solitaire

Le mâle et la femelle se croisent au printemps pour se reproduire. La gestation dure un mois, puis la femelle met bas trois ou quatre petits. Lorsqu'ils ont grandi, elle les chasse du nid et ne tolère aucun autre individu. Les taupes s'évitent grâce à l'odeur qu'elles laissent dans les galeries.

Un vrai labyrinthe

La taupe vit essentiellement dans la terre, où elle se nourrit, se reproduit, se réfugie et dort. Elle n'en sort qu'à la recherche d'herbe et de feuilles pour tapisser son nid (1). À plus d'un mètre de profondeur, elle creuse un système compliqué de chambres et de galeries. Les cheminées dirigées vers le haut servent à rejeter la terre (2). Les galeries qui aboutissent à l'air libre servent à fuir ou sont des pièges dans lesquels tombent des proies. Dans un garde-manger (3), la taupe entrepose des vers et des insectes qu'elle a paralysés en les mordant. Elle remplit ce garde-manger à l'automne.

Les petits naissent nus et aveugles. Trente-cinq jours plus tard, ils quittent le nid et gagnent la surface, à la recherche d'un endroit inoccupé.

Un gros appétit

La taupe dévore quotidiennement l'équivalent de son propre poids. Elle ne survit d'ailleurs pas à un jeûne de plus de douze heures. Elle mange des vers de terre, des larves de scarabée, des insectes, parfois même une grenouille ou une souris tombée dans son tunnel. C'est en circulant dans ses galeries que la taupe trouve sa nourriture. Soit le milieu naturel qu'elle habite est riche, elle y trouve vite sa nourriture et se contente de courtes galeries, soit le milieu est rocailleux et pauvre et l'oblige à étendre son réseau.

LES LÉZARDS

Les lézards sont des reptiles à la peau recouverte d'écailles. Animaux à sang froid, ils ont besoin de l'énergie solaire pour maintenir la température de leur corps. C'est pourquoi ils délaissent les régions trop froides du globe. Il en existe de nombreuses espèces ; certaines sont venimeuses et la plupart pondent des œufs. Le plus long des lézards mesure 4 m. Les plus courants en Europe mesurent 20 ou 30 cm. Les lézards se nourrissent d'insectes, de vers et de larves. Leurs principaux prédateurs sont la taupe, le hérisson et la chouette.

Le diable épineux *vit en Australie. Il est couvert de piquants et change de couleurs en fonction de l'endroit où il se trouve. Il ne se nourrit que de fourmis.*

Dans les régions au climat tempéré, les lézards sont inquiétants mais pourtant inoffensifs et bien peureux ! Pendant l'été, ils se réchauffent au soleil et, durant l'hiver, ils s'endorment dans un trou.

Le lézard pond des œufs

La femelle dépose ses œufs au fond d'un trou chaud et humide, à l'abri des prédateurs. Quelque temps après, elle les recouvre de terre et les abandonne. À la naissance, deux ou trois mois plus tard, les petits doivent se débrouiller seuls. Ils cassent leur propre coquille grâce à une dent spéciale. Beaucoup meurent avant d'être adultes.

Le lézard fait le beau

À la saison de la reproduction, le lézard vert prend des couleurs plus vives. Il se bat avec d'autres mâles et en garde des cicatrices toute sa vie. Pour s'accoupler avec la femelle, il l'attrape par la queue avec sa gueule puis se tortille jusqu'à pouvoir la maintenir en la mordant au ventre. Ensuite seulement, ils s'accouplent.

Une queue qui repousse

Un lézard peut se séparer de sa queue coincée dans un rocher ou capturée par un prédateur. Celle-ci repousse. Cependant, elle n'atteint pas toujours sa longueur initiale ni ne retrouve sa première couleur. Ce procédé de régénération est fréquent dans la nature. C'est comme une cicatrisation.

Un orvet

L'orvet est un lézard sans pattes. Il avance comme un serpent en faisant onduler son corps. À cause de ses couleurs pâles et de ses écailles transparentes, il est surnommé « le serpent de verre ». Les œufs se développent dans le corps de la femelle. Quelques secondes après avoir été expulsés, les petits déchirent la fine enveloppe de leur œuf.

COULEUVRES ET VIPÈRES

Les serpents chassent plutôt le jour, se nourrissant d'insectes et de petits mammifères. Les couleuvres d'Europe vivent en général dans les milieux humides. Elles ne sont pas venimeuses et étouffent leurs proies. Les vipères supportent les grosses chaleurs sèches. Elles sont dangereuses, car leur venin peut être mortel. Elles possèdent à l'avant de la mâchoire une paire de dents en crochets. Au repos, les dents se replient contre le palais et, lors de la morsure, injectent le venin, comme une seringue.

La vipère à l'affût

La vipère se nourrit essentiellement de petits mammifères. Elle chasse à l'affût, c'est-à-dire qu'elle attend sa proie, car elle est trop peu rapide pour la poursuivre. Quand un animal passe à sa portée, elle le mord d'un coup fulgurant.

La vipère péliade

La vipère est ovovivipare

La majorité des serpents pondent des œufs. On les dit ovipares. Ils les abandonnent dans un milieu chaud et humide, à l'abri des prédateurs. Malgré cela, peu d'entre eux éclosent. La vipère, quant à elle, est ovovivipare. C'est-à-dire qu'elle pond des œufs, qu'elle garde à l'intérieur de son propre corps le temps de l'incubation. Quand elle les expulse, les petits n'ont plus qu'à déchirer une fine membrane. Ils sont venimeux dès la naissance.

L'animal s'enfuit mais meurt très vite, empoisonné. La vipère le suit tranquillement, guidée par son odorat et sa vue. Elle l'inspecte quelques instants avec sa langue, puis le mange en commençant toujours par la tête.

La tête de la vipère est triangulaire et aplatie. Ses petites écailles dessinent un V. Ses pupilles sont fendues de haut en bas.

La tête de la couleuvre est allongée et ronde, ses écailles larges et plates. Les pupilles de ses yeux sont rondes.

***La couleuvre à collier** est rusée. Quand elle ne peut s'enfuir, elle fait mine d'être morte, tête renversée, gueule ouverte. Elle dégage en plus une odeur fort désagréable.*

La couleuvre en chasse

La longue et fine couleuvre est très agile. Elle poursuit avec rapidité rongeurs et grenouilles, se déplaçant sans difficulté dans l'herbe, les arbres ou l'eau. Elle vit généralement au bord des rivières et y nage souvent, capturant aussi des poissons. La couleuvre enserre sa proie pour l'étouffer sans briser ses os. Quand la température de son corps est trop basse, elle ne mange pas, car une digestion difficile pourrait entraîner sa mort.

LES VERS

Les vers se caractérisent par un corps allongé, mou et sans squelette. Le lombric ou ver de terre, est un ver annelé, en forme de tuyau, avec une tête, un tronc et une queue. Son corps, constitué d'anneaux dits segments, renferme ses organes et il est couvert de soies, petits crochets qui lui permettent d'avancer. Le lombric vit dans la terre, car il craint la lumière. Le ver blanc est la larve du hanneton, de la famille du scarabée. Il se développe dans le sol, à l'abri du froid ou de la chaleur. Il est très nuisible, car il se nourrit des racines des plantes.

Le ver de terre

Le ver de terre, ou lombric, est un invertébré. Son rôle dans la nature est très important parce qu'il aère les sols en creusant des galeries et active la transformation des matières végétales en humus, qui est une terre noire et fertile, en les digérant.

Le lombric présente un bourrelet de chair sur le corps. C'est là qu'il fabrique le cocon où seront pondus les œufs. Il a aussi la particularité de se régénérer : chaque partie d'un ver de terre coupé en deux a la capacité de reconstituer la partie manquante, soit une queue, soit une tête. Le lombric sort de terre quand il pleut pour ne pas être noyé dans sa galerie. Il sort aussi la nuit pour manger des feuilles et de l'herbe.

Le ver de terre est un animal fouisseur, c'est-à-dire qu'il s'enfonce dans le sol. Il s'y protège du soleil. Il se nourrit des végétaux en décomposition dans la terre. Il l'avale en très grande quantité, la digère et la rejette en petits tortillons.

Le ver blanc

En hiver, le ver blanc s'enfonce plus profondément dans la terre pour se protéger du froid et de l'humidité, et pendant ses périodes d'activité, d'avril à novembre, il remonte vers les racines des végétaux qu'il grignote.

Cette larve blanche est courbée et plissée avec une tache jaune sur la tête. Le ver blanc reste dans cet état pendant deux ans avant de se métamorphoser en hanneton.

LA CHAUVE-SOURIS

La chauve-souris est le seul mammifère volant, c'est-à-dire qu'elle bat des ailes et ne se contente pas de planer comme d'autres mammifères. Ses ailes forment une membrane de peau très fine, irriguée par des vaisseaux sanguins et innervée par des terminaisons nerveuses. Cette peau relie les pattes avant et les pattes arrière. La chauve-souris voit mal et, pour se diriger dans l'obscurité, elle emploie un judicieux système d'ultrasons appelé écholocation.

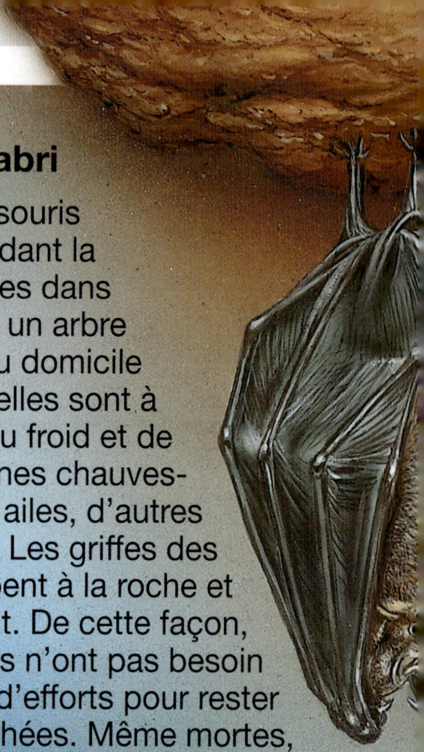

Bien à l'abri

Les chauves-souris dorment pendant la journée, regroupées dans une grotte ou un arbre creux. Elles y ont élu domicile pour l'année. Là, elles sont à l'abri du soleil, du froid et de l'humidité. Certaines chauves-souris replient leurs ailes, d'autres s'en enveloppent. Les griffes des orteils s'agrippent à la roche et s'y coincent. De cette façon, les chauves-souris n'ont pas besoin de fournir d'efforts pour rester accrochées. Même mortes, elles gardent cette position !

La chasse nocturne

La chauve-souris sort à la fin du jour et part à la chasse aux insectes, qu'elle capture en plein vol. Ses longues canines retiennent les proies et ses molaires les broient. Certaines espèces ont entre les pattes arrière une membrane qui sert de filet pour piéger les insectes.

L'hibernation

En automne, la chauve-souris fait ses réserves de graisse. Quand l'hiver approche, elle trouve moins d'insectes pour se nourrir et cherche alors un abri pour hiberner. En général, elle choisit une grotte où, avec des centaines d'autres chauves-souris, elle s'endort pendant six mois, accrochée à la paroi, suspendue par les pattes, la tête en bas.

L'écholocation

La chauve-souris produit des ultrasons qui s'échappent par sa bouche, rebondissent sur les obstacles et reviennent à ses oreilles. Son cerveau est capable de les analyser pour estimer la nature de ces obstacles et la distance qui l'en sépare ; tout cela en une fraction de seconde.

__Le vampire__ est une chauve-souris qui vit en Amérique du Sud. Elle se nourrit du sang d'oiseaux et de mammifères. Elle s'approche en rampant de ses victimes endormies et entaille leur chair avec ses dents extrêmement pointues. Elle leur suce le sang pendant plusieurs minutes.

LES ANIMAUX DE LA FORÊT

Texte
Émilie BEAUMONT

Images
Sandrine LEFEBVRE

LE CERF

C'est un animal qui vit en harde, c'est-à-dire en groupe. Seuls les vieux mâles vivent solitaires. Le cerf est très haut sur pattes et porte des bois au-dessus de sa tête qui lui donnent une fière allure. C'est au printemps que la biche, sa femelle, donne naissance à un faon. Dans les premiers jours de son existence, celui-ci est incapable de marcher et il reste souvent seul pendant que sa mère va brouter un peu d'herbe, devenant ainsi une proie facile pour ses prédateurs. Alerté par un bruit ou un mouvement, le cerf dresse la tête et repère vite le danger. Il réagit très vite en s'enfuyant.

Le cerf brame

À l'automne, au moment des amours, le cerf appelle la biche pour avoir des petits. Les mâles brament souvent avant de combattre pour essayer d'intimider l'adversaire.

Le cerf perd ses bois tous les ans

Au printemps, le cerf perd ses bois, qui repoussent aussitôt et très vite. Les nouveaux bois sont recouverts d'une peau garnie de poils courts appelés velours, que le cerf enlève en se frottant contre les arbres. Les bois peuvent atteindre des dimensions impressionnantes. Chez le faon, ils apparaissent vers l'âge d'un an ; ce ne sont d'abord que de petites pointes. Chez les vieux cerfs, les bois sont moins grands.

Des combats violents

Après l'été, chaque mâle cherche à constituer une famille et il n'hésite pas à se battre pour conquérir les femelles d'un autre mâle. Les combats sont violents, les deux adversaires baissent la tête et entrechoquent leurs bois.

Chacun pousse pour essayer de faire plier l'autre. Quand l'un a réussi, l'autre se retire et s'enfuit. Ces combats entraînent rarement la mort d'un cerf, mais ils provoquent souvent des blessures plus ou moins graves.

La vie du petit faon

Le faon naît en général au printemps. Pendant les premiers mois de sa vie, son pelage est recouvert de taches blanches, qui deviendront brunes par la suite. Dès qu'il sait marcher, le petit faon rejoint ceux de son âge et s'amuse une grande partie de la journée. Sa mère, la biche, l'allaite jusqu'à l'automne.

LES PANDAS

Le grand panda, reconnaissable à son allure de gros nounours à lunettes noires, et le petit panda, de la taille d'un chat, vivent dans les forêts d'une région montagneuse de Chine. Bien qu'ils aient le même nom, ces deux animaux sont très différents de par leur forme et leur poids. En effet, le grand panda pèse entre 50 et 100 kg, alors que le petit panda n'excède pas 5 kg. Mais tous les deux sont friands de bambou. Le grand panda est un animal que l'on a du mal à observer dans la forêt. Bien qu'il soit très protégé, il fait partie des espèces en voie de disparition.

Le bébé panda

À sa naissance, le bébé du grand panda est minuscule. Pas plus gros qu'un bébé chat, il est tout blanc et aveugle. Les taches noires apparaissent au bout de quelques semaines. Maman panda ne s'occupe que d'un petit à la fois. Si deux bébés naissent, l'un d'eux mourra ! C'est la dure loi de la nature.

Le bébé panda est très joueur. Il aime les galipettes.

Les pandas sont peu nombreux. Il n'en resterait que mille environ dans la nature. Beaucoup meurent, car ils ne trouvent pas assez de bambou à manger.

Le grand panda a les pattes avant munies d'une sorte de sixième doigt qui lui permet d'attraper et de couper les tiges de bambou.

Le grand panda est un solitaire, sauf pendant les périodes d'accouplement. Ce gros « ours en peluche » a des attitudes humaines, surtout lorsqu'il s'assoit pour manger ses tiges de bambou.

Du bambou, surtout du bambou

Le grand panda mange essentiellement des feuilles et des tiges de bambou. Pour être rassasié, il doit passer environ 14 heures par jour à manger. Malheureusement, le bambou, qui vit très longtemps, meurt après sa floraison et le panda a bien du mal à trouver de la nourriture en attendant que poussent de nouvelles tiges. Il calme sa faim avec des fleurs sauvages, des insectes, des poissons ou de petits rongeurs qu'il trouve morts. Mais ce ne sont pas ses mets favoris.

Le grand panda mesure jusqu'à 1,50 m alors que le petit panda ne dépasse pas 60 cm. Mais ce dernier a une queue très longue (45 cm environ), tandis que celle du grand panda mesure seulement 20 cm.

Le petit panda

Ce petit animal, dont la queue touffue est presque aussi longue que le corps, vit surtout dans les arbres. Le jour, il dort souvent dans le creux d'un tronc. La nuit, il part à la recherche de sa nourriture. Il attrape surtout de petits rongeurs et de jeunes oiseaux, mais il mange aussi des pousses de bambou et surtout des fruits et des bourgeons.

LE SANGLIER

C'est un animal robuste qui ressemble un peu au cochon que l'on voit dans les fermes, mais il a une bosse sur le haut des épaules et des poils noirs ou gris très raides, appelés soies. Sa tête est large, son cou petit, son corps puissant, mais il est agile. Le sanglier est craintif et se cache au moindre bruit. On le voit d'ailleurs très rarement, car il se promène surtout la nuit. Parfois, les mâles se livrent des combats violents pour protéger leur territoire. La femelle du sanglier s'appelle une laie et ses petits, qui sont entièrement marron avec des rayures foncées, des marcassins.

Une grande famille

L'accouplement a lieu en général en automne et les naissances au printemps. Au moment de mettre bas, les laies préparent une sorte de « nid d'herbe » dans lequel les petits resteront une dizaine de jours bien au chaud. Une laie peut avoir entre dix et quatorze petits à la fois, qu'elle défend avec beaucoup de courage. Les sangliers vivent en famille, seuls les vieux mâles sont solitaires.

Les sangliers sont très « bavards ». Ils communiquent par des grognements, des claquements de langue. Un grognement très fort peut signifier : attention, danger !

Un groupe de sangliers peut saccager un champ de maïs ou de pommes de terre en une nuit.

La nourriture

Le sanglier se nourrit surtout de racines, de faines, fruits du hêtre, et de glands, fruits du chêne. Mais il aime aussi les pommes de terre et les grains de maïs, et il n'hésite pas à se servir dans les champs en faisant de gros dégâts. Il peut manger aussi des larves d'insectes, des vers de terre ou des grenouilles, qu'il attrape lorsqu'il remue les sols humides. Avec sa nourriture, il avale un peu de terre pour mieux digérer !

Une mâchoire robuste

Avec son museau allongé appelé groin, la tête du sanglier ressemble à celle du cochon. Sa mâchoire est munie sur les côtés de deux dents recourbées, très pointues, très coupantes et plus ou moins développées.

Les sangliers sortent la nuit

Toute la journée, les sangliers se reposent, souvent en famille. Ils se cachent dans un abri boueux, tapissé de branches fines, d'herbe sèche et de feuilles.

La nuit, les sangliers sortent tous ensemble pour chercher leur pitance, qu'ils dénichent dans le sol grâce à leur groin, qui leur permet de détecter la nourriture cachée sous la terre. Le flair du sanglier est très développé.

L'ÉCUREUIL ET LE MUSCARDIN

L'écureuil est un petit rongeur tout roux, avec un ventre blanc et une très belle queue en panache. Il vit surtout dans les arbres, qu'il est capable d'escalader à toute vitesse. À deux mois et demi, le petit de l'écureuil est déjà indépendant. Mais parfois il dort encore dans le nid de sa mère ! Pas plus gros qu'une souris, le muscardin est très difficile à apercevoir, car il dort tout le temps. Il vit surtout dans les noisetiers et les petits arbres touffus de la forêt. Il mange des noix, des insectes et quelques fruits en automne.

Un casse-noix

L'écureuil a une technique pour ouvrir les noix. Il prend le fruit avec ses deux mains et ses incisives supérieures, il le perce avec ses incisives inférieures qu'il utilise comme levier pour fendre la coque en deux.

Le muscardin est très difficile à apercevoir, car c'est un grand dormeur et il vit la plupart du temps caché.

Des réserves pour l'hiver

Quand l'automne arrive, l'écureuil mange beaucoup et fait des réserves de nourriture dans le creux des arbres, dans la terre ou dans son nid. L'hiver, il dort un peu plus et, dès qu'il se réveille, il cherche ses provisions. Il ne se souvient pas toujours de toutes ses cachettes.

L’écureuil aime les fruits secs

L’écureuil est un rongeur et, comme chez tous les rongeurs, ses dents de devant poussent tout le temps. Il doit donc les user pour éviter qu’elles ne grandissent trop. C’est pour cela qu’il grignote sans arrêt des noisettes, des noix, des écorces d’arbre, des glands (les fruits du chêne) et des bourgeons.

L’écureuil est un véritable acrobate

L’écureuil donne l’impression de voler de branche en branche tant il bondit vite. Il s’accroche à l’écorce des arbres à l’aide de ses petites griffes pointues. Sa queue lui est très utile, car elle lui permet de garder l’équilibre lorsqu’il saute d’une branche à l’autre. Elle lui sert aussi de parapluie ou de parasol.

Un nid douillet

L’écureuil se fait un nid avec de fines branches et des feuilles. Les petits ne restent pas très longtemps avec leur mère. Très rapidement, ils quittent le nid pour aller chercher leur nourriture et se trouver un autre abri.

Le muscardin se met en boule

Au début de l’hiver, le muscardin se roule en boule dans son nid, placé dans une souche d’arbre ou dans un terrier. Il s’endort en attendant les beaux jours. Il hiberne.

LE RENARD

Le renard, de taille moyenne, a un museau long et pointu, de larges oreilles bien dressées au-dessus de sa tête et une superbe queue, longue et touffue. Il vit en bordure des forêts ou des bois et se cache dans un terrier. C'est un animal rusé et vorace. Il s'adapte très bien à son milieu : quelle que soit la saison, il trouve de quoi manger ! Le renard représenté sur ces pages est le plus répandu. Mais il existe une autre espèce, qui vit dans les pays froids : le renard polaire. Sa fourrure très épaisse est gris bleuté et devient blanche en hiver.

Un plongeon bien étudié

Pour attraper ses proies, le renard fait un bond à environ un mètre du sol et saisit sa proie en plongeant. Il peut aussi la recouvrir complètement pour l'immobiliser et la saisir ensuite. Son jeu favori est d'attraper les vers de terre lorsqu'ils sortent de leur trou en les tirant délicatement, sans les tronçonner !

Le renard vit dans une tanière qu'il a creusée lui-même ou qu'il a volée à un de ses congénères.

Rusé, le renard

Maître renard est prévoyant, il lui arrive souvent d'enterrer ses proies dans des cachettes pour les jours de famine. Il a une bonne mémoire, il les retrouve toujours.

À cause de sa belle fourrure, le renard a été beaucoup chassé par l'homme.

La vie des renardeaux

Les petits du renard s'appellent des renardeaux. Durant les premiers jours de leur vie, ils vivent bien au chaud au fond du terrier, près de leur mère, la renarde, qui les allaite. Quand ils sont plus grands, ils apprennent à chasser et à se défendre en suivant leurs parents. Ils partent ensuite chacun de son côté à la recherche d'un nouveau terrier.

Que mange-t-il ?

Le renard est un grand amateur de poules bien dodues. Très rusé, il s'approche la nuit des poulaillers, qu'il attaque par surprise. Le renard chasse aussi de petits animaux comme des campagnols, des mulots et des rats, mais encore des lapins et des lièvres. En été et en automne, il mange également des fruits : raisin, pommes ou fraises. Il ne déteste pas non plus les petits oiseaux ! Pour en attraper un, il fait le mort et attend qu'il s'approche pour le saisir d'un coup de dent.

LE KOALA

En Australie, le pays où vit ce petit animal, le mot koala signifie « celui qui ne boit pas ». En effet, le koala a la particularité de ne jamais boire. Il ne mange que des feuilles d'eucalyptus qu'il choisit avec soin, car certaines contiennent un poison mortel. C'est un adorable petit animal qui vit surtout dans les arbres. Il n'en descend que contraint, car il est mal à l'aise au sol. Il ressemble un peu à un ourson, mais il n'a aucun lien de parenté avec lui. Chassé pour sa belle fourrure, le koala fait partie des espèces menacées de disparition, bien qu'il soit protégé depuis plusieurs années.

Une fois sorti de la poche, le petit koala continue de suivre sa maman à califourchon sur son dos.

Gros plan sur l'extrémité d'une patte, qui ressemble à une main munie de doigts bien utiles pour s'accrocher aux branches.

Une drôle de position pour dormir

Le koala s'endort souvent accroché à un tronc d'arbre, le dos calé sur une branche. C'est un très gros dormeur. Il peut se reposer jusqu'à 18 heures d'affilée.

La naissance du petit koala

Quand il naît, le petit koala est tout petit, sans poils et aveugle. Mais il a quand même assez de forces pour s'agripper à sa mère afin de monter dans la poche qu'elle a sur le ventre, comme les kangourous. Là, bien au chaud, il tète et continue de grossir pendant cinq mois. Il sort ensuite de la poche très lentement, en pointant le bout de son nez.

Le mâle est plus lourd que la femelle, sa tête est plus large, en revanche ses oreilles sont légèrement plus petites.

Le koala se nourrit à la tombée de la nuit. Il quitte alors l'endroit où il se repose et lentement se déplace vers le haut de l'arbre pour saisir les feuilles. Un adulte en avale environ 500 g.

Rien que des feuilles d'eucalyptus

Le koala ne mange que des feuilles d'eucalyptus. Il trouve dedans un jus huileux qui le nourrit et le désaltère. Vers l'âge de six mois, le petit koala ne tète plus mais mange une sorte de bouillie que sa mère lui prépare en broyant des feuilles d'eucalyptus dans sa bouche.

L'OURS

C'est un animal très connu mais qui, malheureusement, disparaît petit à petit des forêts de montagne où il habite. Il existe plusieurs espèces d'ours, qui se différencient par leur taille, leur poids et la couleur de leur pelage. L'ours se déplace sur ses quatre pattes, il est même capable de courir malgré son poids. Pour scruter les alentours ou intimider l'ennemi, il se tient debout, « en totem ». Il se redresse aussi sur ses pattes arrière quand il veut dénicher du miel dans le creux d'un arbre. C'est un animal paisible mais qui devient dangereux quand il veut défendre ses petits.

Les oursons à la pêche

Les ours mangent surtout des herbes, des fruits, des racines, des bourgeons et des pousses de jeunes arbres. Ils adorent également le miel des abeilles, qu'ils dénichent dans le creux des arbres, et, quand ils en ont l'occasion, ils pêchent. Les oursons aussi sont très adroits : ils sont capables d'attraper les poissons d'un seul coup de patte. Les ours s'attaquent quelquefois à des moutons ou à des chèvres.

La naissance des oursons

Les petits naissent pendant l'hiver, entre janvier et mars. À leur naissance, ils ne sont pas plus gros que des rats. Dépourvus de poils, ils pèsent entre 300 et 400 g. Ils restent bien au chaud dans la tanière jusqu'en mai-juin, auprès de leur mère qui les allaite.

Des griffes puissantes

Les griffes mesurent plus de 6 cm de long. Elles sont utiles pour creuser le sol, à la recherche de tubercules ou de petits rongeurs cachés dans des galeries.

Un ourson dans l'arbre

L'ourson est très agile : il est capable de grimper facilement dans un arbre. Il s'accroche à l'écorce grâce à ses griffes.

Pourquoi les ours ont-ils la réputation d'être agressifs ?

Les ours s'attaquent à d'autres ours et parfois aussi à l'homme. Les femelles n'ont que cinq à huit petits dans toute leur vie, ce qui est peu. D'où l'agressivité que manifeste cet animal afin de préserver son espèce.

Devenu adulte, l'ours reste agile malgré sa grande taille et grimpe aisément dans les rochers.

L'ÉLAN

L'élan appartient à la même famille que le cerf, mais il est plus grand et plus gros et ses épaules sont bossues. Il vit surtout dans des régions froides et marécageuses, car il aime beaucoup être dans l'eau. C'est un très bon nageur, capable même de plonger et de rester quelques instants sous la surface. Il porte des bois superbes, longs et palmés, qui tombent en décembre pour ne repousser qu'au printemps. Majestueux en automne avec sa ramure très développée, il devient presque laid à la fin de l'hiver, quand il a perdu ses bois et qu'il est tout amaigri.

Quand les loups attaquent

L'élan est souvent la proie des loups, qui l'attaquent surtout quand il est isolé. Il se défend en donnant des coups de sabots ou de bois. Les loups ne sont pas toujours les gagnants ! Mais, l'hiver, lorsqu'il n'a plus ses bois, il est moins fort pour se battre contre ces terribles chasseurs.

Les bois du cerf sont très lourds, ils pèsent environ 45 kg. Tous les ans, ils tombent et repoussent en quatre ou cinq mois, ce qui est une performance extraordinaire.

La naissance de petits

La mère donne naissance à un ou deux petits, qu'elle cache au milieu des hautes herbes des marécages pour les éloigner des loups et des ours qui pourraient les attaquer. Elle allaite chaque petit pendant plusieurs mois.

La nourriture de l'élan

L'élan se nourrit surtout de plantes aquatiques : il adore les tiges et les racines de nénuphar. En hiver, quand tout est gelé, il a bien du mal à s'alimenter et broute de temps en temps des aiguilles de sapin.

L'élan, appelé orignal par les Québécois, vit en Amérique du Nord. C'est le plus grand des cervidés, famille à laquelle appartiennent le cerf et le daim. Le mâle seul porte des bois magnifiques et une barbichette sous le menton. C'est un animal solitaire.

LA MARTRE

C'est un animal bas sur pattes, au beau pelage, très apprécié, malheureusement, des chasseurs. La martre s'installe dans un trou d'arbre, dans un nid d'oiseaux abandonné ou entre deux rochers. Son corps allongé et souple lui permet de se faufiler dans les moindres fentes afin de débusquer ses proies. Elle est très agile et se déplace rapidement de branche en branche. Sa queue touffue lui sert de balancier, ses pattes sont larges et ses griffes sont très utiles pour grimper aux arbres. Son principal ennemi, en dehors de l'homme, est le renard.

Une fourrure très prisée

Certaines espèces de martre ont été beaucoup chassées ou piégées pour leur pelage. La martre zibeline, qui vit dans des régions froides, en Sibérie et au Japon, a une belle fourrure d'un brun foncé, très appréciée des fabricants de manteaux ! C'est une des plus coûteuses.

La martre se cache souvent dans le creux des rochers et dans les troncs d'arbre. Mais elle peut aussi se réfugier dans les greniers ou dans les granges.

La martre n'hésite pas
à se lancer dans les airs
pour attraper un écureuil.

La martre a une puissante
mâchoire munie de dents
pointues. Quand elle
capture ses proies,
elle les tue d'une
morsure à la nuque.

Un terrible chasseur

La martre se cache en général le jour dans son trou et sort la nuit pour chercher sa nourriture. Elle fait une guerre sans pitié aux écureuils, qu'elle est même capable d'attraper lorsqu'ils bondissent entre deux branches. Elle n'hésite pas à s'attaquer aux lièvres, aux souris et aux lapins, et à se faufiler parfois dans les poulaillers. Elle apprécie aussi quelques fruits, des noix et même des animaux morts. La martre pêcheuse, contrairement à ce que l'on pourrait croire, chasse le porc-épic. Elle n'est pas imprcssionnée par les piquants dressés de l'animal, qu'elle attaque à la face.

La naissance des petits

À leur naissance, les petits sont aveugles et restent bien au chaud, cachés au fond d'un trou, auprès de leur mère qui les allaite. Quand ils ont pris un peu de poids, environ deux mois après, ils commencent à sortir et à se déplacer sur les branches. D'abord hésitants, ils prennent vite de l'assurance pour dévaler les troncs à toute vitesse. Ils apprennent aussi à chasser et, quand ils savent tuer leurs proies, ils ne tardent pas à quitter leur mère pour mener en général une vie solitaire.

LE BLAIREAU

C'est un animal pas très grand, lourd et de forme allongée, avec une petite tête au museau étroit et un cou très épais. Il a une mâchoire puissante. Ses pattes trapues sont armées de griffes longues et solides. Il est très craintif et reste souvent au fond de son terrier. Il dort presque toute la journée. La nuit, il sort seul pour aller chercher sa nourriture. Le blaireau laisse sur son passage une odeur désagréable qui lui sert sûrement à retrouver son chemin, car sa vue, contrairement à son flair, est mauvaise. On chasse encore le blaireau pour sa fourrure, avec laquelle on fabrique des pinceaux.

En famille

Le blaireau vit en général au sein d'un groupe d'une dizaine d'individus. Pendant la plus grande partie de la journée, ils occupent un grand terrier, relié à d'autres terriers plus petits par des galeries. Ces tunnels existent parfois depuis des dizaines d'années et sont utilisés de génération en génération.

Les petits blaireaux

Ils naissent en plein hiver. À leur naissance, ils sont tout petits et sans poils. Ils ne bougent pas de leur abri douillet, qui est tapissé d'herbe et de feuilles. Quand le printemps arrive, ils sortent en suivant leur mère et, très vite, ils apprennent à trouver leur nourriture tout seuls.

Le blaireau vit la nuit

Environ une heure après le coucher du soleil, le blaireau sort de son terrier. Il ne s'aventure pas dans la campagne les nuits de pleine lune. Avec ses griffes, il est capable de creuser suffisamment pour attraper une taupe ou des lapereaux. Il se nourrit aussi de vers : il adore ça et peut en avaler des dizaines en une seule nuit. Il mange également des graines, des fruits ou des grenouilles.

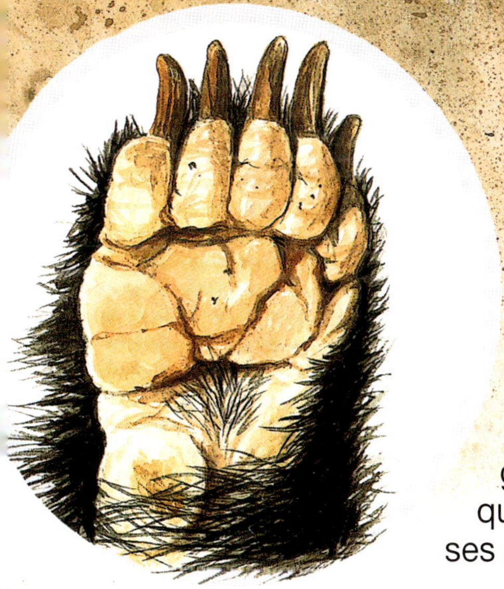

Des griffes bien utiles

Le blaireau arrive à creuser facilement tout un réseau de galeries et de terriers grâce à de puissantes griffes qu'il possède au bout de ses pattes avant.

Quand deux blaireaux se rencontrent...

Quand deux blaireaux d'un même groupe se rencontrent, ils se frottent les fesses l'un contre l'autre. En revanche, quand ils ne se connaissent pas, ils ont l'habitude de se battre entre eux.

Le blaireau en hiver

Le blaireau n'hiberne pas, c'est-à-dire qu'il ne dort pas dans son terrier pendant tout l'hiver. Mais, quand il y a trop de neige ou que le froid est trop intense, il est capable de rester plusieurs jours bien au chaud sans manger.

LA CHOUETTE DES BOIS

La chouette est un grand oiseau, très reconnaissable grâce à sa grosse tête ronde et à ses grands yeux entourés d'un cercle de plumes. Ses pattes sont terminées par des griffes puissantes qui lui permettent de saisir ses proies au vol. La chouette est très difficile à apercevoir, car elle se déplace surtout la nuit pour chercher sa nourriture. Mais on peut quelquefois entendre son cri le soir à la campagne. Elle répond quand on imite son ululement et elle fait claquer sa langue quand elle est effrayée ou en colère.

Un vol silencieux

La chouette des bois, comme les autres rapaces nocturnes, vole en silence pour pouvoir entendre ses proies et surtout pour éviter de les faire fuir quand elle s'approche d'elles.

Un vrai chasseur

La chouette chasse surtout les petits rongeurs, comme les souris ou les mulots. Lorsqu'elle a repéré sa proie dans l'obscurité, elle fonce dessus. Elle s'approche et saisit l'animal. Il lui arrive aussi de manger de petits moineaux qu'elle capture dans leur nid.

Quand la chouette pousse son cri, on dit qu'elle chuinte.

Les petits ont toujours faim

La chouette fait son nid douillet dans un trou d'arbre. Ses petits attendent avec impatience son retour. Si la chasse est bonne, la chouette rapporte entre ses griffes un mulot ou un rat des champs. Sinon, elle se contente d'attraper des insectes ou quelques chenilles.

De grands yeux

La chouette a de grands yeux. Elle voit très bien de loin, mais pas de près. En revanche, elle entend beaucoup mieux que la plupart des autres oiseaux. Elle est capable de savoir exactement où se trouve un animal rien qu'en écoutant le bruit qu'il fait.

Cachée dans la forêt

La chouette des bois a un plumage peu coloré, avec des ombres foncées, pour mieux se dissimuler dans les branches pendant la journée. Serrée contre d'autres chouettes, elle dort à un endroit tranquille dans une forêt ou un jardin public.

TABLE DES MATIÈRES

ISBN : 978-2-215-08430-3

Conforme à la loi n°49-956 du
16 juillet 1949 sur les publications
destinées à la jeunesse.
Dépôt légal à la date de parution.
Imprimé en Italie (09-05).